アリーナ標準改訂版発刊にあたって

2013年に(公財)日本サッカー協会の「スタジアム標準」をベースに「アリーナ標準」を発刊した際に次のあいさつをいたしました。
『わが国におけるスポーツ環境の整備は、国家的課題として位置付けられるに至り、「する」スポーツ、「観る」スポーツ、「支える」スポーツ、それぞれの振興が各省庁、競技団体、関連企業によって推進されています。日本のアリーナスポーツ観客数は欧米あるいは韓国と比しても人口当たりにおいて低く、「観る」スポーツのためのアリーナ環境整備は必要不可欠な課題として、行政・民間を問わず具体的な施策の必要性が増しています。

一方で体育施設・アリーナ施設を利用する各競技団体の意見を集約し、または建設側である関連企業はそのノウハウを提言する機会が極めて少ないことから、「する」と「観る」が両立する施設整備が進まず、結果として日本においてアリーナスポーツの発展を阻害する要因となっていると考えます。

このような現状を打破し、「観る」スポーツ、さらには「魅せる」スポーツとしてのアリーナスポーツ振興のために、Vリーグ、Fリーグ、WJBL、bjリーグの各トップレベルリーグを会員にアリーナスポーツ協議会を設立しました。

「する」と「観る」が両立し、より「魅せる」アリーナを日本全国に造っていくために、日本のアリーナのあるべき姿を「アリーナ標準」として示しました。アリーナスポーツを通じて、より豊かなスポーツ文化を持つ社会が実現するための一助となれば幸いです。』

それから3年、スポーツ庁が発足し、スポーツの産業化が標榜され、「B.LEAGUE」のスタートが決定し、大学スポーツのあり方が問われるなど、アリーナスポーツの環境は大きく変化をとげています。ここに、「アリーナ標準」改訂版をお届けいたします。

日頃、大学生選手と付き合っていて感じることがあります。口では「観に来てほしい」と言っていますが、観に来てもらう努力に欠け、自分の種目以外の試合を観に行く学生は稀です。観に行くことで「どういった環境が望ましいのか」に気づくことができるでしょうし、観に来てもらうことでその喜びを感じるのだと思います。子どもの時代からスポーツを「観る」ことの大切さを学ぶことで日本のスポーツ環境は変化するはずです。そのためには「観る」ことが快適にできる施設環境をつくることが必要と考えるべきでしょう。

改訂版につきまして、改めてみなさまからご意見を頂戴いたしたく、よろしくお願いいたします。アリーナスポーツの発展にさらなる精進をしてまいります。

一般社団法人 アリーナスポーツ協議会 代表理事　村林 裕

2013年にVリーグ、Fリーグ、WJBL、bjリーグの各競技団体が、アリーナのあるべき姿を話しあって、「アリーナ標準」を初めて示しました。その際、(公財)日本サッカー協会が、2010年に発行した「スタジアム標準」をもとにさせていただきました。発表後、さまざまな関係者から質問・意見が寄せられ、われわれの気づかなかった点も数多く指摘されました。

2016年秋には、バスケットボールの「B.LEAGUE」がスタートし、日本のアリーナスポーツが変わっていく年になるかもしれません。変革の年を迎えるにあたり、より良いスポーツ環境の整備に役立つことを目標に「アリーナ標準」を改訂することとしました。

前回1964年の東京オリンピックは、日本においてスポーツの大衆化という大きな影響を与えました。それまで、一部の人のものであったスポーツが、オリンピックを通じて、多くの人の関心を呼び、自らがスポーツを行って楽しむ − という運動会の隆盛や、スイミングクラブの創設など現在の日本のスポーツ文化の礎となったのです。

2020年の東京オリンピック・パラリンピックも同様に、日本にとって再び大きな影響を与えることでしょう。私たちはこの機会に、「スポーツをする」、「スポーツを観る」、「スポーツを支える」というそれぞれの活動を盛んにするだけではなく、それぞれが連関し連動することで、持続可能なスポーツ文化を日本に根付かせることができると信じています。

単に「スポーツをする」という競技的な結果を求めるだけでなく、「スポーツを観る」ことで、コミュニティの絆を深め、観戦料やマーチャンダイジングなどの「スポーツを観る」人の支払うお金が、「スポーツを支える」ことになって、持続可能なスポーツ文化を育んでいく社会を目指しています。

そのためには、単なる「スポーツをする」、「スポーツを観る」、「スポーツを支える」施設が別々に存在するのではなく、アリーナがコミュニティのシンボルとなって、「する」、「観る」、「支える」の中心として存在することが鍵になります。

本標準は、各リーグの希望をまとめたもので、各リーグの開催必要条件ではありませんが、新しくアリーナを建設する際や改修の際の要求水準として使っていただくことで、「スポーツをする」選手、「スポーツを観る」観客、「スポーツを支える」運営関係者、そしてそのアリーナ周辺の地域住民やコミュニティにとって、アリーナスポーツが誇るべき文化として存在することを心より願っています。

一般社団法人 アリーナスポーツ協議会 理事　花内 誠

ARENA GUIDELINE
CONTENTS

Chapter 1
アリーナ標準

第1章　スポーツの意義とアリーナに求められる役割
1-1　「する」、「観る」、「支える」の循環で発展する
　　　スポーツとコミュニティ ……………………………… 4
1-2　アリーナはコミュニティの中心 …………………………… 4
1-3　アリーナは多種目・多目的 ………………………………… 4
1-4　「タイムテーブル」による編成方針 ……………………… 4
1-5　「する」体育館と「観る」アリーナ ……………………… 4
1-6　施設の3分類 ………………………………………………… 5
1-7　体育館兼用型アリーナにおける可動席の必要性 ………… 5
1-8　仮設席と可動席の違い ……………………………………… 5
1-9　アリーナの観客席数とコンテンツ ………………………… 5
1-10　アリーナの「ハード」と「ソフト」 …………………… 5
1-11　アリーナ建設の事業主体と運営主体 …………………… 6
1-12　仕様発注と性能発注 ……………………………………… 6

第2章　アリーナ建設の基本設計
2-1　アリーナに求められる観戦環境 …………………………… 7
2-2　アリーナ建設の戦略的判断 ………………………………… 8

第3章　導入機能と機能配置
3-1　アリーナの諸機能 …………………………………………… 12
3-2　安全で効率的な動線 ………………………………………… 12
3-3　駐車場の確保 ………………………………………………… 14
3-4　標準的な機能配置 …………………………………………… 14

第4章　フロア関連事項
4-1　フロアサイズ ………………………………………………… 16
4-2　天井高 ………………………………………………………… 16
4-3　サブアリーナ ………………………………………………… 17
4-4　床材 …………………………………………………………… 17
4-5　コートライン ………………………………………………… 17
4-6　用具 …………………………………………………………… 17
4-7　広告看板 ……………………………………………………… 17
4-8　用具庫 ………………………………………………………… 17
4-9　フロアへのアクセス ………………………………………… 17

第5章　試合関係者関連事項
5-1　選手関係諸室 ………………………………………………… 18
5-2　運営進行諸室 ………………………………………………… 19
5-3　その他 ………………………………………………………… 20

第6章　メディア関連事項
6-1　記者室・記者会見室・ミックスゾーン …………………… 22
6-2　記者席 ………………………………………………………… 23
6-3　スチールカメラ対応 ………………………………………… 23
6-4　中継用実況放送室 …………………………………………… 23
6-5　テレビカメラ対応 …………………………………………… 23

第7章　観客関連事項
7-1　入退場スペース ……………………………………………… 25
7-2　コンコース …………………………………………………… 25
7-3　観客席の快適基準 …………………………………………… 25
7-4　観客席エリアの諸機能 ……………………………………… 26
7-5　観客席への誘導システム …………………………………… 27
7-6　場内情報システム …………………………………………… 28
7-7　障がい者への対応 …………………………………………… 29

第8章　ホスピタリティ関連事項
8-1　VIP・VVIPへの対応 ………………………………………… 31
8-2　VIPエリアとVVIPエリア …………………………………… 31

第9章　安全管理関連事項
9-1　安全管理責任 ………………………………………………… 33
9-2　防犯および暴徒化へのセキュリティ ……………………… 33
9-3　フロアへの観客の乱入阻止 ………………………………… 33
9-4　防災対策 ……………………………………………………… 33
9-5　緊急医療対策 ………………………………………………… 34
9-6　その他 ………………………………………………………… 34

第10章　照明・音響と電力供給
10-1　電源 ………………………………………………………… 35
10-2　設備要件 …………………………………………………… 35
10-3　照明の設計仕様と技術 …………………………………… 36
10-4　環境への配慮 ……………………………………………… 37
10-5　音響 ………………………………………………………… 37

Chapter 2
理想のアリーナ／体育館を考える

1　利用者みんなが幸せになるアリーナ／体育館の整備 ……… 40
2　トップレベルのスポーツを観戦することによる
　　草の根のスポーツ振興 …………………………………… 40
3　スポーツ幸福指数 …………………………………………… 41
4-1　理想のフロアサイズ ………………………………………… 41
4-2　理想のフロアサイズに見合う観客席 ……………………… 42
4-3　可動式観客席の可能性 ……………………………………… 42
5　スポーツを「する」体育館とスポーツを「観る」アリーナ … 45
6　理想のアリーナ／体育館モデルプランの紹介 ……………… 45

付属資料

資料1　アリーナスポーツトップ選手アンケート ～選手が評価するアリーナ～ … 49
資料2　アリーナオブザイヤーの紹介 ……………………………… 53
資料3　アリーナ・ホール一覧 ……………………………………… 54

Chapter 1
アリーナ標準

　（公財）日本サッカー協会（JFA）が『スタジアム標準』を定めたことで日本のサッカースタジアムは、着実に進化しています。一方、アリーナには『スタジアム標準』に匹敵する『アリーナ標準』は存在せず、いまだに日本のアリーナが「スポーツをする、観る、支える」人々にとって使いやすいアリーナになっているとは言えません。
　これは、サッカーは国際サッカー連盟（FIFA）が『Stadium Guidelines』を詳細に定め、ヨーロッパサッカー連盟（UEFA）やアジアサッカー連盟（AFC）も同様にそれぞれの『Stadium Guidelines』を定めているのに対し、アリーナスポーツでは、国際アイスホッケー連盟（IIHF）が、『Arena Manual』を定めている程度で、バスケットボールもバレーボールもそれぞれの競技団体による『標準』がサッカーに匹敵した形で完成していないからです。
　また、サッカーが「専用」スタジアムの建設を前提とするのに対して、アリーナは、バスケットボール、バレーボールをはじめとした屋内スポーツ各競技の「多目的」アリーナの建設が前提となるために、単一種目の競技団体が『アリーナ標準』を提示したとしても、他競技との兼ね合いで実際的でないとされてしまうことも理由です。
　（一社）アリーナスポーツ協議会は、こうした状況を踏まえ、国内各競技団体と連携し、ここに『アリーナ標準』を定め、日本のアリーナを「スポーツをする、観る、支える」人々にとって使いやすいアリーナへ進化させていきます。
　『アリーナ標準』を作るにあたり、日本において現在唯一の『標準』であるJFAの『スタジアム標準』を倣いました。屋外と屋内、サッカーとアリーナスポーツの違いがあるところは、当然独自の内容を作っていますが、それ以外については、スポーツとして同じ導入機能や機能配置となり、同一の内容にしている点も多々あります。
　フットサルだけでなく、すべてのアリーナスポーツの発展のために快く『スタジアム標準』の利用を認めていただいただけでなく、さまざまなアドバイスを頂戴したJFAに感謝するとともに、この『アリーナ標準』が、「スポーツをする、観る、支える」人々のスポーツ環境を整備する一助となることを望みます。

第1章
スポーツの意義とアリーナに求められる役割

1-1 「する」、「観る」、「支える」の循環で発展するスポーツとコミュニティ

スポーツは、「スポーツをする人」の健康に寄与するだけでなく、「スポーツを観る人」、「スポーツを支える人」の存在によって、コミュニティのシンボルとしての機能を持ちます。

「スポーツに親しむ」という行為は、「スポーツをする」という行為だけでなく、「スポーツを観る」、「スポーツを支える」という行為も含めたものと考える必要があり、それぞれが有機的に関連しています。たとえば、優れたプレーを観ることは競技力を向上させ、さらに「スポーツをする」きっかけや、モチベーションを高めます。「スポーツを観る人」がいることで、観戦料が発生し、「スポーツをする人」、「スポーツを支える人」への経済的支援が生まれます。

特に「ホームチーム」の存在は、「スポーツをする人」と「スポーツを観る人」、「スポーツを支える人」が一つのコミュニティとして絆を深めさせます。

「する」、「観る」、「支える」がばらばらに行われるのではなく、「好循環」することが、スポーツを発展させていきます。

1-2 アリーナはコミュニティの中心

アリーナが、「スポーツをする」だけでなく、「スポーツを観る」、「スポーツを支える」拠点となることで、コミュニティの中心になります。

プロ野球（NPB）やサッカー（Jリーグ）は、1試合あたりの観客数が「万人」単位で設計されているため経費もかかり、大規模なコミュニティ人口が存在しないと運営できません。それに比べて、バスケットボール、バレーボール、フットサルといったアリーナスポーツは、1試合あたりの観客数が「千人」単位で設計されているので、必要とするコミュニティ人口や運営の経費が少なくてすみ、小規模なコミュニティ人口でも運営が可能です。

プロ野球のフランチャイズやJリーグのホームタウンを持つことのできない小規模な自治体や企業、学校などのコミュニティも、シンボルとしてアリーナスポーツを持つことが可能なのです。

自治体はもちろん、企業や学校などのコミュニティが「ホームチーム」を持つことでコミュニティの絆を深め、アリーナが「ホームアリーナ」となり、コミュニティの中心となることができます。

1-3 アリーナは多種目・多目的

野球場やサッカー場などのスタジアムが主に単一種目で使用されるのに対し、アリーナは複数種目での使用が前提となります。さらにはスポーツだけでなく、コンサートやコンベンション等でのイベントでの使用頻度も多く、多種多様な利用がなされます。アリーナの建設・運営にあたっては、多目的であるが故に多岐多様にわたる、関係者の意見をくみあげていく努力が必要です。

1-4 「タイムテーブル」による編成方針

アリーナのあり方を考える際に、まず行うべきは、「タイムテーブル」による編成方針の作成です。アリーナにおいて、月曜日から日曜日までの曜日と午前、午後、夜間の時間をどのように使うつもりなのか？それぞれを「するスポーツ」、「観るスポーツ」、「コンサート等スポーツ以外のイベント」等に分けていきます。

実際に使用する詳細な時間割というより、アリーナを「どのように使って欲しいか？」という考え方で編成方針を考える必要があります。「するスポーツ」と「観るスポーツ」をどのくらいの割合で使うのか？「スポーツ」と「スポーツ以外のイベント」の割合はどのくらいの予定にするのか？それによって、施設の性格が全く異なるものになります。

競技団体をはじめとする関係者は一様に自ら使える時間帯を増やそうと考えるものです。それらを調整し、「コミュニティの中心」としてのアリーナがどうあるべきか？を、この「タイムテーブル」による編成方針を関係者間で話し合い、共有することが必要です。

1-5 「する」体育館と「観る」アリーナ

アリーナ標準では、施設の目的が「スポーツをする」ものを「体育館」と呼び、「スポーツを観る」機能を備えているものを「アリーナ」と呼ぶことにします。

1-2でも述べましたように、コミュニティの中心としてアリーナを考える際には、必ず「スポーツを観る」、「スポーツを支える」という視点が必要になります。

「体育館」の利用者は、「スポーツをする」人ですが、「アリーナ」の利用者は、「スポーツを観る人」も利用者です。「利用者調査」と称してスポーツ団体をはじめ、「スポーツをする人」の意見を聞くことは良いことですが、それだけでなく、「スポーツを観る人」、「スポーツを観たい人」の意見をどうやって取

り入れるか？が重要です。

1-6 施設の3分類

「体育館」、「アリーナ」といっても、それぞれの施設の目的によって全く違う性格のものとなります。アリーナ標準では、施設を以下の3分類に大別します。
A トレーニング施設型体育館
B 体育館兼用型アリーナ
C アリーナ型アリーナ

上記の分類に応じて、それぞれの施設では、「タイムテーブル」が違いますし、それに応じて設計・建設・運営が異なります。

たとえば、「トレーニング施設型体育館」は、タイムテーブルのすべての時間が「する」スポーツに使用される前提ですから、「観客席」はできる限り少なくしておくほうが、建設費も維持管理費も少なくてすみ、安価にスポーツを「する」ことができます。

また「アリーナ型アリーナ」では、タイムテーブルのほとんどの時間を「観る」スポーツまたはコンサートなどのスポーツ以外のイベントに使用される前提ですから、「観客席」を見やすく、かつ設営がしやすい構造にして、できるかぎりコンテンツ価値を高める施設にする必要があります。

コミュニティが二つ以上の施設を持つことが可能なのであれば、「トレーニング施設型体育館」と「アリーナ型アリーナ」の両方を持つことで、「する」、「観る」、「支える」を循環させることも可能です。

1-7 体育館兼用型アリーナにおける可動席の必要性

一つの施設で「する」と「観る」の両方を行う「体育館兼用型アリーナ」の場合、競技フロア上に可動席を利用することで、「する」スポーツと「観る」スポーツの両方を行うことができます。

体育館兼用型アリーナの場合は、固定席をできる限り抑え、可動席を使用することが、スポーツを「する」スペースを広くすることができ、「観る」時には観やすい施設になります。

1-8 仮設席と可動席の違い

アリーナ標準では、組み立て式のものを「仮設席」、引き出し式のものを「可動席」と呼んで区別しています。

「仮設席」は比較的安価ですが、組み立て、解体に時間が必要なため、使用前後にも競技フロアを占有する時間が必要です。

「可動席」は設営に要する時間が短いので、「する」と「観る」の転換を1日の中で行うことを可能にします。

体育館兼用アリーナには、「する」と「観る」の両方を効率的に行うために「可動席」が必要です。

1-9 アリーナの観客席数とコンテンツ

音楽の世界では、アーティストのクラスを使用する会場の大きさで表すことがあります。たとえば、数万人の会場を使用する場合は「ドーム・スタジアムクラス」、5,000〜1万人の場合は「アリーナクラス」、2,000人くらいまでの「ホールクラス」、数百人までの「ライブハウスクラス」などです。

当然、アーティストの実力や人気で動員力が異なるので、使用する会場が異なるのですが、多くの場合、それぞれのアーティストが「ライブハウス」→「ホール」→「アリーナ」→「ドーム・スタジアム」の順で成長していきます。

大きな会場ほど、多くの観客を集めることができますから、アーティスト側も実力の許す限り大きな会場を利用することがコンテンツ価値を高めます。しかし、会場の使用料金も「ライブハウス」が安く、「ドーム・スタジアム」が高くなるのが一般的ですから、高い使用料金を支払って少ない観客数だと赤字になるリスクもあります。ですから「ライブハウス」で人気があっても、いきなり「ドーム・スタジアム」クラスの会場を使うことは、リスクが大きすぎますし、できれば、段階を踏みながら、人気と実力を養うことが必要です。

スポーツの場合も、1万席の「アリーナ型アリーナ」を安く使えれば良いのですが、そのクラスの「アリーナ型アリーナ」の使用料金は500万円から1,000万円ほどかかるのが一般的ですから、年に数十試合をホームで利用すると、2〜3億円ほどの会場使用料がかかってしまうことになり、大きなリスクを抱えます。できれば観やすい5,000席以下の「体育館兼用アリーナ」が数十万から200万円くらいの料金で使用できると、年間の会場使用料が数千万程度に収まり、リスクを少なくして、人気と実力を養いやすくなり、スポーツもアーティスト同様、人気と実力を養うことが可能になります。

1-10 アリーナの「ハード」と「ソフト」

アリーナをつくっても、それだけでアリーナがコミュニティの中心になることはありません。コミュニティとして必要なのは「スポーツをする人」と「スポーツを観る人」、「スポーツを支える人」の組織化です。

ほとんどの場合は、「スポーツをする人」がアリーナに集まることによって、組織化しますが、それだけでは、「コミュニティの中心」としてのアリーナの機能は十分に果たせていません。

「スポーツをする人」同様に「スポーツを観る人」たちが多く集まり、彼らをコミュニティ化することで、アリーナが「コミュニティの中心」としての機能を最大限に発揮します。多くの場合は、「観るスポーツ」のスポーツチームがファンクラブ等を作って、コミュニティ化していきますが、それだけではなく、総合型地域スポーツクラブなどの活動の一環として、「スポーツをする」だけでなく「スポーツを観る」などを取り入れて、コミュニティ化することを考える必要があ

ります。

FCバルセロナの「ソシオ」のように、「する人」の組織化だけでなく、「観る人」の組織もともに考えることが、「ソフト」として必要です。

1-11 アリーナ建設の事業主体と運営主体

アリーナは自治体や企業、学校によって建設されます。「する」、「観る」、「支える」が好循環するアリーナをつくるためには、建設者および設計者はアリーナを利用、運営する組織と十分協議する必要があります。

多くのケースでは地元の競技団体からヒアリングを行っていますが、それだけでは十分ではありません。地元の競技団体は、自らが主催する競技会の運営を想定してヒアリングに答えます。それは当然のことですが、それだけでは折角つくる新しいアリーナで、今までできなかった新たな大会やチームの誘致や催行の検討が疎かになってしまう傾向があります。これらを主催する中央の競技団体にもヒアリングができればいいのですが、なかなか調整が難しいのが現状です。アリーナスポーツ協議会は、これらの競技団体と自治体の橋渡しをする団体として設立しました。

また建設や施設管理において、PFIや指定管理者制度などの導入によって、スポーツ関係者が直接関わることが可能になっています。建設と管理運営の一元化、または連携強化が行われることは、好ましいことです。欧米では、スポーツチームが施設も保有・運営することで相乗効果を産み、スポーツを産業化させています。日本においてもさまざまな観点から最善のあり方を考えていく必要があります。

1-12 仕様発注と性能発注

PPP／PFIによる体育館・アリーナの建設事例が増えていますが、いまだにほとんどの事例で、事前に体育館のフロアの大きさや、観客席の固定席数や可動席数を定める「仕様発注」方式がとられているようです。建設コストを比較するには「仕様発注」が分かりやすかったのでしょうが、建設後の運営を含めて民間の資金・ノウハウ・活力を導入するためのPPP／PFIでは、「性能発注」方式を取り入れ、民間企業の自由裁量の範囲を広げて、創意工夫を促すことが目的のはずです。

『アリーナ標準』でも、よりよい体育館・アリーナの建設ための創意工夫を促すためにできるかぎり、「性能発注」方式に書きやすい表現を用いる努力をしています。

第2章
アリーナ建設の基本設計

2-1 アリーナに求められる観戦環境

まず具体的な話に入る前に、アリーナに求められる観戦環境について、快適性、適合性、安全性について紹介します。残念なことに、場合によっては「するスポーツ」のみが重要視され、「観る」ということに対しては「贅沢」として疎かにする傾向が見られる場合があります。「アリーナをコミュニティの中心」と考えるのであれば、「する」環境だけでなく、「観る」環境も整えることが、アリーナに求められることです。

(1) 快適性

利用者がスポーツを観戦できればよいというだけのアリーナでは、今日の利用者のニーズを満足させることはできません。窮屈で硬い椅子、間延びした空間では、「また観に来たい」と利用者に思わせることができません。寒い冬であれば、暖房によってコートを脱ぐことができる、暑い夏であれば、クーラーで快適にいられるような調節可能なエアコンディショニングが最低限必要です。また空腹時やのどが渇けばそれをいやすことができる飲食サービスも必要でしょう。当然、予算によってアリーナの規模や快適性は左右されますが、利用者に快適な観戦環境を提供できるように配慮することで利用者の増加につながります。

①観客席

観客席をその椅子の機能・快適性によって、次のレベルに分類します。
A クッション性があり、背もたれ、ドリンクホルダーを備える
B 背もたれ、ドリンクホルダーを備える
C 背もたれを備える
D 背もたれがない

「観る」アリーナとして、どこまでの「観戦環境」を用意するのか？「国際大会」や「全国大会」を誘致するのであれば、Aレベルの観客席の割合が高くあるべきですし、特にコートサイドに近い席などにDレベルの観客席を用意することのないようにするべきです。

②空調設備の必要性

夏は高温多湿、冬は積雪を経験する日本では空調施設は特に重要です。利用者が快適に観戦できる環境を提供するという観点からエントランス広場からはじまる会場内はもとより、入退場口付近でできる入場者の待機列についても配慮が必要です。ただし、バドミントンなど、競技に空調が影響を与えるために競技中は空調が使えないケースがあります。競技を考慮に入れた空調計画が必要です。

最近では吹き出し式の空調だけでなく、輻射型冷暖房による空調を取り入れる施設もあります。輻射式空調は、風が少なく、場合によっては従来型の空調よりもイニシャルコスト、ランニングコストが優れている場合もありますから、導入を検討する価値があります。

③飲食施設

これまで「する」スポーツを中心に整備されてきた日本の室内スポーツ施設は飲食を禁止する事例が多くみられます。利用者が観戦しながら、のどを潤し、食事をして幸福感を味わえる環境は利用者の快適性に大きな影響を与えます。

④土足による入退場が可能な動線

「体育館」の場合に多いケースですが、競技フロアの保護のため、「観る利用者」に土足入場を禁止し、上履きに履き替えさせるケースがあります。

「観る利用者」と「する利用者」の入退場動線を考え、「観る利用者」が土足のままで入退場できるように設計するべきです。

⑤コートに近い観客席

アリーナの雰囲気を盛り上げ、利用者にも試合への参加意識と楽しさを味わってもらうためには、コートにより近い観客席を設置することが必要です。今日ではコートの大きさに対応して出し入れできる可動式観客席の設置が望まれます。

「観やすいシートポジション」は、スポーツ種目によって異なりますが、たとえば、バスケットボールではコートから10m以内の空間に合計で1,500席以上、20m以内に3,000席以上の座席を設置することが可能です。

5,000席以上の観客席がありながら、コートから10m以内の座席が数百席しかないようなアリーナは観戦環境が良いアリーナとは言えません。

(2) 適合性

アリーナが建設されることによる周辺環境および住民に及ぼす可能性について調査、検討し、できるかぎり配慮をして、周辺の人々の理解を得ることが重要です。

①周辺環境への適合性

周辺環境へのアリーナの適合性は、用地を選定する際の重要な検討事項です。新アリーナ建設にあたっては、日常的に人が集まる商業地区が好ましく、静かな住宅地域、交通の便が悪く人が集まりにくい山林などは避けるべきでしょう。アリーナは「スポーツをする」だけでなく、「スポーツを観る」、「スポーツを支える」拠点となることで、コミュニティ形成に寄与します。1試合あたりの観客数が「万人」単位で設計されるプロ野球（NPB）やサッカー（Jリーグ）は、建設費用やランニングコストが大きく、それに見合ったコミュニティ人

口が存在しないと運営できません。それに比べて、バスケットボール、バレーボール、フットサルといったアリーナスポーツは、1試合あたりの観客数が「千人」単位であり、必要とするコミュニティ人口や運営の経費が少なく、小規模なコミュニティ人口でも運営が可能です。プロ野球のフランチャイズやJリーグのホームタウンを維持することができない規模の自治体や企業、学校などの小さなコミュニティにも、その集団にとってシンボルとなるアリーナスポーツチーム／クラブを持つことが可能です。自治体はもちろん、企業や学校などのコミュニティが「ホームチーム」を持ち、アリーナを「ホームアリーナ」として利用することで、それぞれのコミュニティを確かめる中心的空間となることができます。

新アリーナの建設で生じる環境問題は、一般的に以下の通りです。

A 交通量の増加
B 観戦者の往来による喧騒
C 試合開催時以外の閑散化

②地域社会との関係

新アリーナ建設もしくは既存の施設を改修する際には地域社会との関係を熟慮する必要があります。地域の代表者、アリーナを利用するスポーツ団体、地元商工業者などと早期に接触し、話し合いをする場を設けましょう。適切なコミュニケーションによって新アリーナが地域の根ざす有意義な施設になるはずです。新アリーナは地域社会の財産であることを関係者間で共有することが大切です。ホームチームは、「スポーツを観る人」、「スポーツを支える人」の存在によって、コミュニティのシンボルとしての機能を持ちます。「スポーツに親しむ」という行為は、「スポーツをする」という行為だけでなく、「スポーツを観る」、「スポーツを支える」という行為も含めたものと考える必要があり、それぞれが有機的に関連しています。たとえば、優れたプレーを観ることは競技力を向上させ、さらに「スポーツをする」きっかけや、モチベーションを高めます。特に「ホームチーム」の存在は、「スポーツをする人」と「スポーツを観る人」、「スポーツを支える人」が一つのコミュニティとして絆を深めることができます。

できることなら「スポーツをする人」だけでなく「スポーツを観る人」、「スポーツを支える人」を組織化（ユナイテッド）し、アリーナをコミュニティの中心として活性化する「ソフト」とするべきです。

③開かれたアリーナ

従来のスポーツ施設は、施設が「内」を向いて建てられていました。結果として、外側は「壁」となって街中とスポーツ施設を分断する形状をしています。

しかしながら、昨今では、施設の中からも外からも利用可能な、飲食、売店を設けるなど、施設内の機能を外向きにも共有することで、施設の利用者以外にも街中で日常的に施設を使ってもらい、施設を街づくりの重要な核として機能させる事例も出てきました。

試合開催時以外の閑散化が問題であったアリーナも、外向きの施設を設けたり、病院や老人ホーム、ホテルなどの施設を合築したりすることで、「街」としての機能を果たし、「スポーツの場」を「コミュニティの中心」として変えていくことが可能になります。

日本の自治体においては「目的外利用」を禁止する例も多いのですが、「スポーツによるコミュニティの活性化」という目的のために柔軟な対応が望まれます。

⑶ 安全性

アリーナの計画は、いかなる状況においても、利用者・選手・関係者などすべての人々の安全を確保することが最優先されます。地震・火災等の災害に関する建設基準と避難等の対応が必要です。災害時に際して安全が確保されることと同時に、災害後に緊急避難場所としてアリーナが機能することも考慮する必要があります。

また、アリーナを利用する人々の中から、さまざまな急患が発生する可能性があります。そのための緊急医療体制が必要とされます。担架、ストレッチャー、緊急車両等の動線確保にも留意した計画が必要です。

既にいくつかの施設で実施されていますが、アリーナ内に病院や鍼灸・マッサージ等の施設を常設するケースも検討する価値があります。上記の緊急医療体制の助けとなるだけでなく、日常的にリハビリやコンディショニングといった視点でもアリーナの利用促進につながります。

さらに日本では見られませんが、興奮した観客による暴力行為を未然に防ぐための対策も考慮する必要があります。

2-2 アリーナ建設の戦略的判断

アリーナが急速に変化する市場のニーズに対応していくには、立地条件、収容規模設計、環境への影響など、建設に先立って決定すべきことが多くあります。

⑴ 予算と施設水準

どれだけの予算を確保できるかが常にアリーナの規模と快適性を左右するとはいえ、アリーナの計画に際しては、その初期段階で検討すべき基本的な課題があります。

予算に制限がある場合でも、一時的な目的にかなった基本的なアリーナであれば建設は可能です。ただし、全体的な構造が詳細の改修に耐え、ニーズの増加に合わせて、費用効率の優れた方法で改善できるものであるかどうか、という点に注意を払う必要があります。

たとえば、予算の関係で可動席や大型映像装置の設置を断念しなければならない場合でも将来的に設置ができるようにしておくことが必要です。

⑵ 観客席数と競技フロア面積（規模）

アリーナの規模設定にあたっては、財源規模や敷地条件などの制限を受けることになります。

まず、アリーナの観客席数に応じて、ホームチームのフランチャイズとしての機能だけで十分か、あるいは国際試合など、より高いレベルの試合の誘致を想定するのかによって、観客席数の規模がクラス別に決まります。

表1にありますように、バスケットボールのワールドカップ、バレーボールの世界選手権の開催には1万5,000席以上、フットサルのワールドカップ開催には1万2,000席以上のアリーナが必要と各競技団体で規定されています。

また、フットサルの大きな国際試合やバスケットボールのオリンピック予選（男子）、ワールドカップ（女子）などには8,000席が必要とされます。

ホームチームのホームアリーナとしては、現在の日本におけるアリーナスポーツリーグは、Bリーグ（B1：5,000席以上、B2：3,000席以上）、Vリーグ（3,500席以上が望ましい）、Fリーグ（2,000席以上）とされています。

ホームチームの安定的な経営状態を保つためには、1試合あたり2,000人以上の観客数が望ましいと言われており、そのためにはホームアリーナの観客席数は3,000席以上が必要です。

また、大会によっては「競技フロア」の大きさが規定されています。

多くの大会は、観客席を備えた「メインコート」とウォーミングアップ会場としての「サブコート」が必要となります。ほとんどの種目のほとんどの大会は、一般的な体育館の競技フロアサイズ（約46m～50m×約36～46m）を想定されて行われており、この大きさの競技フロアであれば、「可動席」を利用することで快適な観戦環境を作ることが可能です。

例外として、国民体育大会のバスケットボール会場のように「バスケットボールコート4面」を1会場内に求められる場合があります。バスケットボールコート4面を横並びにとった場合、競技フロアサイズが（約91m×38m）と巨大な空間が必要となります。この場合は、「可動席」を利用しても快適な観戦環境を作ることが難しく、また巨大な空間の空調費など維持管理コストも増大するので、後々の利用について十分に検討し、工夫をすることが必要です。

いずれのクラスの観客席数と競技フロア面積を持つアリーナを建設するのかに応じて、必要な機能、設備が変わってきます。

日本において体育館は数多く存在しますが、その多くは「するスポーツ」を目的とした体育館で、「観るスポーツ」を目的に加えたアリーナが不足しています。市町村レベルの自治体は、コミュニティの中心として「する」、「観る」のバランスを考えたアリーナを持つべきです。

表1　アリーナ／体育館のクラス別分類

		観客席数		
クラスS	大規模アリーナ	12,000～15,000以上		バスケットボール世界選手権（男子）、バレーボール世界選手権（15,000以上）、フットサルワールドカップ決勝、準決勝、開幕戦（12,000以上）
クラスA	中規模アリーナ	8,000程度	(6,000～11,999)	バスケットボール世界選手権（男子予選ラウンド、順位決定戦ラウンド）バスケットボール世界選手権（女子）バスケットボールオリンピック世界最終予選（男子）(8,000以上)、フットサルワールドカップ決勝、準決勝、開幕戦以外(8,000以上)
クラスB	小規模アリーナ	4,000程度	(2,000～5,999)	バスケットボール世界選手権（女子予選ラウンド）バスケットボールオリンピック世界最終予選（女子）バスケットボールユース世界選手権（4,000以上）バレーボール世界選手権予選（5,000以上）Vリーグ（3,500以上）Fリーグ、bjリーグ（2,000以上）
クラスC	フィットネスジム	2,000以下		

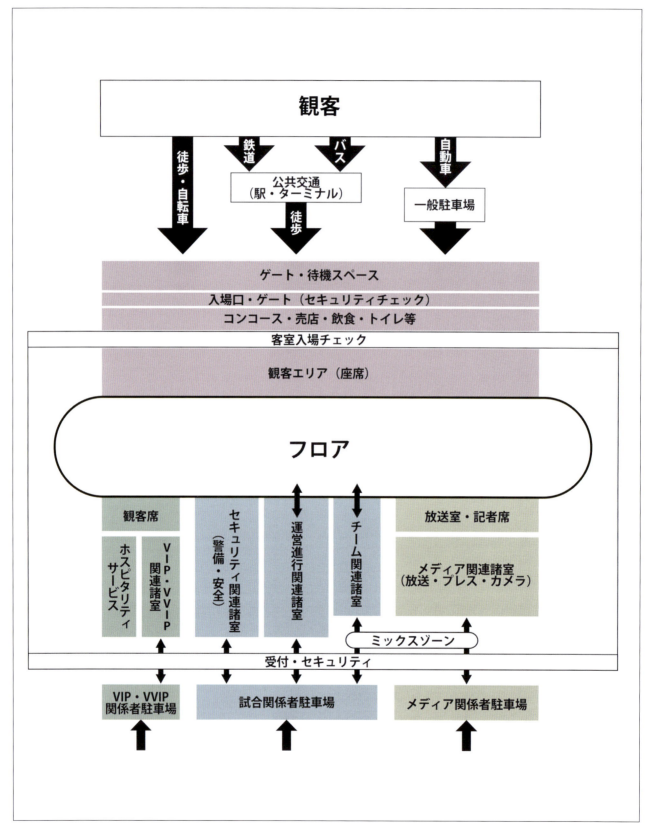

図1　アリーナの諸機能の関連性（機能は配置と主要な動線）

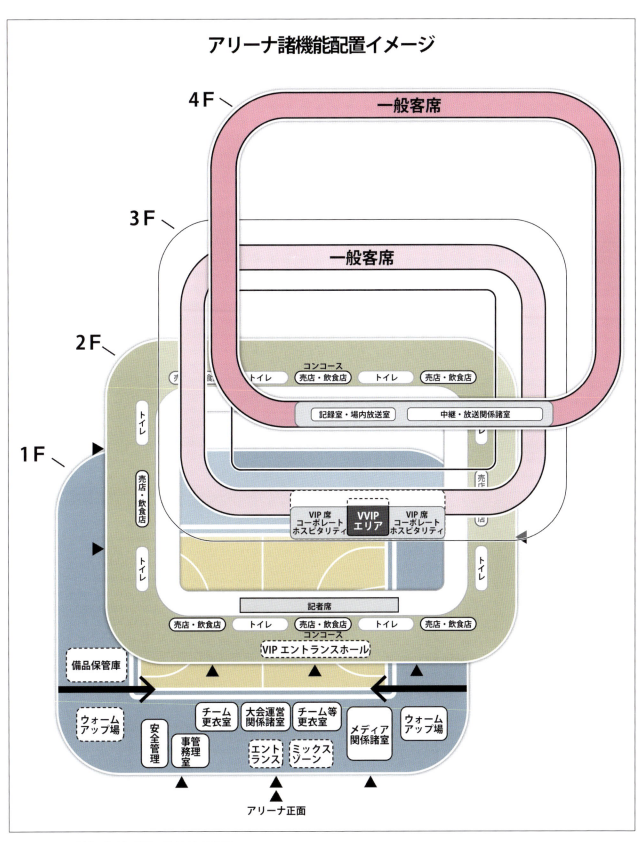

図2 アリーナの諸機能の関連性（機能は配置と主要な動線）

第3章
導入機能と機能配置

諸室、諸設備の計画条件を提示する前にアリーナとして、必要とされる機能や機能の関連性を把握することが必要です。イベント開催時に必要とされる諸室、配備、システムが、イベントを開催しない平時にも稼働できるように工夫しておくことでアリーナ全体の稼働率を上げ、利便性が向上します。

3-1 アリーナの諸機能

アリーナの設計にあたっては、どのような諸室、配備、システムが必要なのか、基本的な機能を把握するところから始めます。

(1) 必要とされる機能の大別

アリーナに必要とされる機能を以下の7つに大別します。

①フロア関連

アリーナスポーツを行うフロアは、試合を行うプレーエリアだけでなく、ベンチやウォームアップエリア、カメラマンエリア、さらには一部コートサイドシートという観客席を置く場合もあり、床の材質や耐荷重を検討する必要があります。

トレーニング施設型体育館の床は、通常の市民利用を前提とした木床が一般的ですが、アリーナ型アリーナのフロアは、コンクリート打ち放しにして、その上に競技・イベントにあわせて置き床でプレーエリアを設営するケースや、アイスリンクの上に断熱材を設置してフロアとし、多目的に利用するケースもあります。

体育館兼用型アリーナでも弾性床材を利用することで、スポーツイベントだけでなく、コンサートや展示会等の利用をすることも可能です。

どのような床材を用いるのかは、施設のタイムテーブルにしたがって、効率的な床材を用いたフロアとすることが必要です。

②試合関係者関連

試合関係者に関連した機能としては、選手などチームの利用する諸室・設備、大会を運営・進行・管理に関わる関係者の諸室・設備などがあります。大会のレベルによって、必要とする諸室も大幅に変わります。想定する試合に対応した諸室スペースの確保が必要です。

③メディア関連

アリーナスポーツにおいて、テレビ・ラジオなどの放送は重要です。また、アリーナスポーツを支える情報発信として、新聞・雑誌等などの各種メディアもまた重要です。これらメディアを受け入れる諸室や彼らの活動に必要な設備を提供することが肝要です。なお、情報メディアの技術は日進月歩ですので、技術動向を十分とらえて、無駄のない設備計画を行うことが重要です。

メディア関係者の人数は、大会のレベルによって、極端に異なります。想定する試合に対応できるメディア関係者の控えスペースの確保が重要です。

④観客関連

観客は試合だけを観に来るのではありません。観客はスポーツの試合を観ると同時に、共に応援する他の観客を観ることで、コミュニティの絆を深め満足を得ます。そのためには、試合のプレーエリアの間近から空きスペースのない観客スペースが必要です。

観客がリピーターとして何度も観戦に訪れるためには、快適な観戦環境が必要です。観戦のために上履きに履き替えることを強要するなどはあってはなりませんが、それ以外にも背もたれつきの椅子、前後左右のスペース、通路、ドリンクホルダー等の設備が観客席には必要ですし、観客席での飲食や長時間並ばずにすむだけの数が用意されたトイレや売店なども必要です。

観客席や動線計画において、健常者はもちろん、障がい者も快適に観戦できるように配慮することが必要です。

また、観戦を盛り上げる音響設備、大型映像装置など観戦に関連する設備、機材が必要です。

⑤ホスピタリティ関連

諸外国ではホスピタリティが大きな収益事業となっています。アリーナに導入される会議室機能等をVIP席などホスピタリティ施設として設けることで多様な収益源として施設計画に反映させることができます。

⑥電力・照明等設備関連

観戦しやすく、さらにはテレビ放映に適した照明設備、これを安定的に支える電力供給などがあります。

⑦通信およびその他

その他の機能としては、通信設備、その他の諸室などがあります。

(2) 導入すべき機能のクラス別必要性

3-1-(1)であげた必要とされる機能等の分類に従い、アリーナの試合開催レベルに対応した具体的な諸室、設備、システムについて、クラス別の必要性を整理したものを、各章の最後に資料としてまとめていますので、ご参照ください。

3-2 安全で効率的な動線

施設計画において、機能の配置は、人、モノの動き・流れ

を単純化し、輻輳を排除するように計画してください。これにより、運営管理がしやすくなりますし、安全管理面からも効果的です。

一般観客の動線とチームバス、関係車両、救急車などが輻輳せずにアクセスできる安全な専用エリアを設けてください。

(1) 観客の動線

観客のアリーナへのアクセスは、鉄道、バス、自動車、自転車、徒歩などがあります。郊外立地で公共交通が整備されていない場合には、自動車への依存が高くなり、幹線道路へのアクセスや駐車スペースの確保が重要となります。「万人」単位で計画されるプロ野球やJリーグと比べると「千人」単位のアリーナスポーツは混雑の度合いは低くなるものの、十分に検討しておく必要があります。

まずは、アリーナの外側に、アリーナでのイベントが分かるような懸垂幕、看板、ポスター、のぼり等が設置できるようにしてください。観客がアリーナ内での満足を得るだけでなく、アリーナの外からイベントへの期待感を高める工夫によって、より大きな満足を得やすくなります。イベントの観客に対しての告知だけでなく、通りかかった人たちへの次のイベントの告知としても効果的で、アリーナの集客力を高めます。

動線については、十分な幅員、目線の高低や使用言語に関わらず、サイン看板や照明等は安全かつ快適で分かりやすいものにすることが必要です。

また、退出時に使用する出口は、一時的に複数の観客が通過できるような十分な幅を設けることが必要になります。スムーズな入退場を考えても、土足から上履きに履き替える手間をかけさせるのは避けるべきです。一般入退場口に観客が殺到しないように、事前に予防措置を講じる必要があります。フェンスなどを設置して、観客を入退場口にスムーズに誘導するやり方を考えられます。入場時は、主なアクセスポイントをすべて入場口として使用してください。数カ所の指定ポイントのみを退場口として使用し、退場口であることを分かりやすく表示します。退場時はすべてのアクセスポイントを退場口として使用してください。試合中に関しては、入退場のバランスを考えて、それぞれポイントを設けてください。

(2) 選手・審判員の動線

選手・審判員のスタジアムへの動線については、周辺の道路渋滞に巻き込まれずにアリーナへ入退場できなくてはなりません。場内ではチーム用の大型バスを駐車でき、一般観客から隔離され、しかも保護されているエリアが確保されることが必要です。そこで選手はバスを降り、一般の観客の視界に入ることなく、安全にチーム更衣室に出入りできる動線の確保が必要です。チームバスでアクセスする動線は、一般観客の動線と分離してください。大規模アリーナでは、地階と1階のように立体的に分離することをお薦めします。

チームバス・用具車の専用入り口から更衣室までの経路は、怪我人を乗せた担架や用具一式等が台車で運搬できる十分な広さを確保してください。各更衣室、緊急車両駐車場、フロア間についても、怪我人を乗せた担架を運び出しやすいように、階段、段差、急なカーブ、行き止まりなどない経路を確保してください。

チーム更衣室および審判更衣室からは、報道関係者と分離されたそれぞれ専用の廊下を通ってフロアに出られるのが理想な形と言えるでしょう。また、これらの廊下は、フロアの直前で合流し、一本の廊下になっても構いません。アリーナの構造上の問題から、廊下を共用しなければならない場合は、選手が入退場する際は十分な幅を確保することが必要になります。これらの動線上で、一般観客や報道関係者が選手および大会関係者に接触することは避けねばなりません。

(3) VIPの動線

VIPのアリーナへのアクセス経路には、一般観客が侵入することのない、セキュリティレベルの高い経路を指定してください。VIPの乗った車には、警備車両がついてアリーナ内の専用のVIP駐車場に、直接乗り入れられることを指定してください。

VIP入場エリアには、一般入場口とは離れた場所に専用のVIP入り口を設けます。入り口からは、VIP受付を通って直接、観戦エリアに向かうことができます。安全なエリアを通る代替アクセス経路も用意してください。その他、使節団やオブザーバーなどが更衣室を訪れる必要のある場合に、VIPエリアからまっすぐ安全に更衣室に向かえるように配慮してください。

(4) メディアの動線

アリーナ内において、メディア関係者がメディアの作業ルーム、記者席、記者会見室、テレビとラジオ用の中継用実況放送室、ミックスゾーン、フロアなどの各メディアの作業エリアを簡単に行き来できるように配慮してください。メディア関係者の機材の搬出入も考慮し、設計してください。床の表面材を選択する際は、メディアエリア間の機材運搬が簡単に行えるように配慮してください。

(5) 運営関係者の動線

国際試合やVリーグ、Fリーグ、bjリーグ、WJBLなどの試合には、運営、セキュリティ、ボランティア、スタッフなどさまざまな運営関係者が携わります。運営関係者が使用する運営本部室は、フロアのアクセスにも優れた場所に設置し、アリーナへのアクセス経路も一般観客とは別のアクセス動線を確保してください。

(6) 飲食売店等の荷物搬入出の動線

試合開催時のコンコースにおける飲食売店やグッズ売店等の付帯施設への荷物の搬出入のための動線を確保してください。場合によっては、コンコースに移動販売などの車両が簡

(7) ゴミ動線

試合開催時には観客席を中心に大量のゴミが発生します。容量の大きなゴミ箱を十分な数設置することはもとより、飲み残しの飲料を含め、それらの収集計画や清掃の仕方を十分に考慮し、管理のしやすいアリーナにすることが重要です。試合中も蓄積したゴミ袋を取り替え、いつも清潔なアリーナであることが、一般観客にとっての大切なホスピタリティです。

(8) その他

大会によっては、大規模な設営が必要になることがあるため、大型のトラックが進入する可能性があることも想定するべきです。特に大規模アリーナにおいては救急車や消防車を含む緊急車両がフロアまでアクセスできるような配慮も必要です。

3-3 駐車場の確保

(1) 一般用および車椅子用駐車場

駐車場は、できるだけ観客が直接アリーナへ入場できるアリーナ敷地内に設置してください。アリーナ周辺の各駐車場には、明るい照明と分かりやすいサイン看板を設置し、エリア番号やエリア名を表示してください。

駐車場への出入りが素早くスムーズに行われるように配慮し、最寄りの幹線道路に直接通じる経路を確保する必要があります。一般用駐車場の配置計画については、地域の関係当局と協議してください。

車椅子用駐車場は入場口周辺に確保し、入場にあたっては障がい者用誘導路と関連させてください。また、誘導スタッフが直接対応できるようにしてください。

(2) メディア関係者のアクセスと駐車場

大会・イベント実施時には、アリーナの周囲にメディア入り口を用意し、取材許可手続きやメディアに対する情報提供などを行うメディア受付を設置してください。

①メディア用

メディア用駐車場は、一般駐車場とは離れた、メディアの作業エリアにできるだけ近い場所に配置してください。できるかぎり取材を許可された全員が駐車できるだけのスペースを確保することが理想的です。特に、カメラマンは重量のある機材を運ばねばならない点に留意すべきです。駐車スペースの確保が困難な場合でも、機材搬入の場合のみ車両の一時的乗り入れを認める等の対応がなされるべきです。

②テレビ、ラジオ放送用

放送局の担当スタッフと相談の上、重量ある中継車用の駐車スペースを確保してください。このスペースは、重量に耐えられるように地盤を補強してください。また、各局の中継車用に十分な広さが必要です。同時に放送用のスタッフの車両等もアリーナ内に駐車できるようにする必要があります。放送関連諸室に近接する位置、ケーブルの敷設に問題のない場所に設置してください。中継車エリア内の安全を確保し、中継に支障がないようにバックアップを備えた電源も確保してください。中継車エリアに隣接する屋外の、南の空が見渡せる場所に、衛星車用のエリアを確保してください。このエリアにも中継車エリアと同じ電源から電力供給を行ってください。

(3) その他の駐車場

①ホスピタリティ用

ホスピタリティパーキングの設置は、特にマーケティングプログラムの一環として重要になります。VIP入り口の付近に位置し、一般用駐車場とは区別されていることが必要です。同時にVIP席数に応じた十分なスペースを確保しなければならず、アリーナ敷地内に設置されることが望まれます。運転手つきの車が多数来場することを想定し、車を呼び戻すための簡易放送システムが設置されていると良いでしょう。

②チーム、試合関係者、アリーナスタッフ用

少なくとも大型バス2台、乗用車3〜4台分のスペースが必要です。さらに言えば、1日に2試合連続で開催されることを想定し、大型バス4台分のスペースが確保されることが望まれます。安全面からは、チーム用駐車場は更衣室のすぐ外側に設置するのが良いでしょう。選手と試合関係者がアリーナに到着した後、一般観客と接触せずに更衣室に直接入ることができるように配慮してください。

③緊急車両用

警察、消防、救急車等の緊急車両用として、アリーナ内に設定される必要があります。これらの駐車スペースからはアリーナ内部およびフロアレベルに直接アクセスでき、同時に一般観客用の動線から隔離されている必要があります。

④アリーナのサービススタッフ用

アリーナ内部に位置することが望まれますが、近接する場所でも構いません。アリーナで働くスタッフのために十分な駐車スペースを確保しておくことは大切なことです。ただし、大型の設営物を搬入する車両、ケータリング搬入車両等、特別な目的を有する車両用として、アリーナ内部、とりわけ搬出入口に近い場所にサービス車両駐車場が確保されなければなりません。特に、夏季の飲食には保冷車が必要となることを考慮してください。

3-4 標準的な機能配置

(1) 機能間の関連性

3-2および3-3で示した動線、交通エリアの考え方を機能関連図としてまとめたものが、10頁および11頁の図1、図2です。諸機能は大別したものとなっていますが、このレベルで分離した配置を検討してください。そうすれば、各関係者の動線が重なることを抑えることが可能です。

表2 交通関連 諸施設チェック表

		諸機能	備考	クラス別対応					本編
				大規模	中規模		小規模		
					新設	既設	新設	既設	
交通関係	動線	アリーナへのアクセス	鉄道・地下鉄など複数の公共交通利用	◎	○	▲	○	▲	3-2-1
			幹線道路からのアクセスの利便性	◎	○	▲	○	▲	
			歩行者動線の安全性、快適性の確保	◎	○	▲	○	▲	
		一般入退場待機スペース	入場前の待機スペース	◎	◎	○	◎	○	3-2-1
			照明設備、電源、場内放送システム、トイレ	◎	◎	○	◎	○	
			入場券売り場の設置	◎	◎	◎	◎	◎	
		チームの動線確保	一般観客、報道関係者動線との分離	◎	◎	○	◎	○	3-2-2
			更衣室、ウォームアップエリア、フィールド間の動線	◎	◎	○	◎	○	
			担架等の通行に支障のないスペース	◎	◎	○	◎	○	
			アリーナに入る部分の安全確保	◎	◎	○	◎	○	
		報道関係者の動線確保	チーム・一般観客・VIP動線との分離	◎	◎	○	◎	○	3-2-4
			メディア作業エリア間の動線確保	◎	○	▲	○	▲	
			機材用の関係諸室アクセス	◎	◎	○	◎	○	
		VVIP対応の動線確保	セキュリティレベルの高い経路	○	○	▲	○	▲	3-2-3
			VVIP車寄せ・専用動線	○	○	▲	○	▲	
		VIP対応の動線確保	専用のVIP入口の設置	◎	◎	○	◎	○	
			専用動線	○	○	▲	○	▲	
		アリーナへのアクセス	フロア周辺まで車両通行路の確保（フロア管理車両も利用）	◎	◎	◎	◎	◎	3-2-8
	駐車場	一般及び身障者用	照明やアリーナへのサイン看板などの設置	○	○	▲	○	▲	3-3-1
			身障者用との兼用可	○	▲	▲	▲	▲	
			入場口近辺に身障者用スペースを確保	◎	◎	○	◎	○	
		メディア用	専用駐車場の確保	○	○	▲	○	▲	3-3-2
			機材の搬出入を考慮し、メディア作業エリアに近い場所に配置	○	○	▲	○	▲	
		テレビ中継車両用	専用駐車場の確保、地盤補強	◎	◎	◎	◎	◎	
		VIP、VVIP用	専用駐車場の確保	◎	◎	◎	◎	◎	3-3-3
			VIP席数に対応した十分なスペースの確保	◎	◎	◎	◎	◎	
		チーム用	更衣室に直結した専用駐車場の確保	◎	◎	◎	◎	◎	3-3-3
			大型2台、乗用車3〜4台	◎	◎	◎	◎	◎	
		緊急車両用	救急車等	◎	◎	◎	◎	◎	
		サービススタッフ用		◎	◎	◎	◎	◎	

◎は原則的に必ず設置する事項／○は設置すべき事項／▲は設置を推奨する事項

第4章
フロア関連事項

　フロアは、選手、試合関係者、観客、そしてテレビ視聴者にとって最も重要な場所です。コートの種類、選手と観客との一体感の創出など、フロアに関する基本的な判断が求められます。

4-1 フロアサイズ

　わが国における「体育館」の設置基準は、文科省の「整備基準」＝日常生活圏域における体育・スポーツ施設の整備基準（1972）＜体育・スポーツの普及に関する基本方針について＞（保健体育審議会昭和47年度答申）や1989年11月に出された「21世紀に向けたスポーツの振興方策について」の答申があります。
　そこでは、都道府県・市町村がスポーツ施設の計画的な整備を図るにあたっての参考となる指針として
A 地域施設 ― 地域体育館：床面積720㎡程度
B 市区町村域施設 ― 総合体育館：床面積3,000㎡以上
C 都道府県域施設 ― 総合的な競技施設：公式競技ができる
とされています。
　また、国民体育大会の施設基準では、種目に応じてフロアサイズが決められていますが、バスケットボール2面、バレーボール2面、体操、バドミントン8面、卓球12面、ハンドボール1面等の各種目の会場基準をすべて満たすサイズは、長辺47m×短辺46mになります（新体操の競技スペースは、約50m×30mとされているので、47mを約50mとした場合。フットサル・ハンドボール2面の場合は、60m×46m）。将来的に国体の会場としても稼働させたいと考える場合は、最低でもこのフロアサイズが必要とされます。
　多くの競技は必要なスペースの長辺を体育館の平均的なサイズである42m〜46m以内にするように設計されています。ただし、バスケットボールは国民体育大会の施設基準では「4面必要」とされており、そのまま並べると91m×38mと長大なフロアが必要になります。また田の字に並べても76m×47m必要になります。
　市区町村域施設の総合体育館であれば、フロアサイズ3,000㎡以上が求められていますから、メインアリーナとサブアリーナを用意して床面積3,000㎡以上になるような施設が期待されます。
　「する」体育館と「観る」アリーナを可動式観客席で可変させるのであれば、メインアリーナのフロアサイズは大きすぎず、可動席で囲める大きさにするべきです。さらに可能であれば、2階を固定席とせず、2階にも競技フロアと可動式観客席を用意するなど、創意工夫を行えば、5,000席程度までの「観る」アリーナ機能「体育館」機能を備え持った施設をつくることが可能です。
　中規模、大規模アリーナの場合は、そもそも「スポーツの一般利用」よりもコンサート等のイベントとともに多目的ホールとしての性格が強まるために、フロアを木床ではなくコンクリート打ち放しにし、スポーツ利用の際は置き床での利用が合理的なケースがあります。
　国際スポーツイベントでは、フットサルの国際試合の50m×35mが最大です。このサイズの置き床ができるサイズであれば、問題がありません（フィギュアスケートやアイスホッケーの国際試合を想定する場合は、60m×30mのアイスリンクとその外側に1.5mスペースの合計63m×33mが必要です）。

4-2 天井高

　プレーエリアの必要な天井高は、種目によって異なります。一番天井高を必要とするものは、新体操などになり、14m以上必要とされています。
　球技ではバレーボールが一番高く国際基準では12.5m以上必要ですが、国体標準では「7m以上あれば良い」とされています。Vリーグも12.5m必要です。Vリーグを呼ぶときのプレーエリア上は12.5m以上必要ですが、「一般開放」等の「市民利用」の時はそこまでの高さは必要ではありません。
　次に高いバドミントンも12m以上。バスケットボールが7m以上。フットサルの4m以上となります。
　体育館を設計する際に、フロア上すべての空間を14m以上としてしまうと、気積が大きくなり、その後の空調計画などに影響を及ぼします。立体的に設計を考え、必要なフロアサイズと必要な天井高を組み合わせ、可動席を利用することで、「する」と「観る」のバランスをできるだけ大きく可変させることが求められます。
　近年は、フロアセンター天井部にビジョンを設置することが多くなっており、また「観る」スポーツのためにはビジョンを設置することが望ましいといえます。その場合にも、床からビジョン等の障害物までの高さが12.5m以上必要ですから、天井高はその分の余裕を持って設計されることが必要となります。
　フロアすべての床から天井高が12.5m以上取ることができればいいのですが、建築上の制約がある場合は、上記のバレーボールのプレーエリアの12.5mは確保した上で、フロアの周辺部はバスケットボールのプレーエリアあるいはフットサルのプレーエリアに応じた天井高を確保してください。

また、フットサルの場合は、ピッチ（縦長40m×横長20m）上は天井高4m以上ですが、ピッチの周辺部分についての天井高の規制はありません。実際には人がプレーし、ゴールが置ける高さが必要ですが、インプレーのボールがぶつかるなどプレーに支障がなければ、4m以下でも可能ですから、ルールを理解の上、上手く設計することでフットサルのプレーが可能な広さを確保してください。

4-3 サブアリーナ

メインとなるフロアの他にサブアリーナを用意してください。

ウォームアップエリアとして使用する他、一度に多面を使う大会で使用できます。サブアリーナのフロアサイズは、バスケットボール・バレーボールが1面取れるサイズ36m×25m程度の大きさが多いですが、フットサルが使用できる44m×34m以上の大きさにしておくことをお薦めします。

また、2階にも可動式観客席を利用することで、2階フロアにサブアリーナ的な空間を作ることも可能で、アリーナ空間の有効利用を促進することを考えることもお薦めします。

4-4 床材

床は木床または、各競技団体で認められた床材を用意してください。

種目によって、好みの床材、硬さ、クッション性が異なります。フロアの使い方を考えて床材を選んでください。

いずれにしても水平で滑らない床が求められますが、適度なクッションも必要とされます。

体育館としての利用では木床が基本となりますが、タラフレックスなどの弾性床材を使用することによって、体育館兼用型アリーナやアリーナ型アリーナとして多目的利用を促すケースもあります。

また、大人数で運動し、場合によっては運搬用の機材や車両が入ることも想定し、適切な耐荷重のある床にする必要があります。

クッション性の高い柔らかい床材は、椅子や機材を長時間載せると、凹みを生じるケースもありますので配慮が必要です。

4-5 コートライン

コートラインは、各競技団体で認められた素材、サイズ、方法でひいてください。

アリーナは多目的利用が前提となるため、さまざまな種目のコートラインがひかれます。バスケットボール、バレーボール、フットサルなどが、縦横にラインがひかれるので、ラインを間違えないような配慮が必要です。

また、観客を入れる試合が行われる時には、試合に関係のないラインを消す必要があります。この準備に時間がかかるケースがありますので、中心部にある試合に関係のないラインは常設にせず、コーナーの印だけをつけて必要な時だけテープでラインをひくようにするなど、配慮が必要です。

4-6 用具

各種目のゴールや機材は、各競技団体で認められた、できるだけ安全なものを用意してください。

特にバスケットボールのゴールは、より安全に安定させるために下部の台部分が大型化しています。中には長さ3mを越えるものもありますので、設置スペースには余裕をもたせることが求められます。

フットサルやハンドボールでは、ボールによる事故を防ぐため防球ネットをプレーエリアの外側に吊り下げます。

バレーボールのネットを設営用のポール（支柱）の穴は設計段階でセンターコート用も必ず開けてください。縦2面・3面使用はあるが横センターコートがない、位置がセンターにないなどということがないようにしてください。

4-7 広告看板

各競技、各大会はプレーエリア周囲に広告看板が設置されます。看板が、観客の観戦の妨げとならないように注意してください。

電動・電光看板の設置の想定をし、通常電源と緊急電源の両方に接続できるようにしてください。

広告看板の高さは通常70cm～100cmです。各競技のルールに従って、コートのラインから2m～8m以上の距離を離して設置されます。

天井からの吊り下げ型電光表示とともに電動・電光看板は、広告以外にも選手紹介等にも使用し、観戦の手助けとなります。

館内に既設した広告は、大会によっては隠す必要があります。対応できるように注意が必要です。

4-8 用具庫

バスケットボールのゴールやバレーボールのネット、フットサルのゴールなどをしまっておく用具庫がフロアに面して必要です。用具庫は十分なスペースを確保し、用具の大型化・多様化に対処できるようにしておきます。

4-9 フロアへのアクセス

イベントによっては、大規模な設営が必要になることがあるため、大型のトラックが進入する可能性があることも想定すべきです。

救急車や消防車を含む緊急車両がフロアまでアクセスできるような配慮が必要です。

第5章
試合関係者関連事項

　最新アリーナには、選手と試合関係者が安全かつ快適に活動できる、広く、質の高い更衣室等の設備を設置しなければなりません。

5-1 選手関係諸室

　アリーナ内の各選手更衣室は、必ず同じ広さ、スタイルをもつようにしてください。トーナメント等で1日に2試合以上行われる場合を想定すると、同じ広さと快適性をもつ4つの更衣室を設置することをお薦めします。4つ用意できない場合でも、更衣室を広めに設定しておき、2つに仕切って使えるようにするなどの工夫をすることも可能です。
　チーム競技と個人競技で選手関係諸室の使い方も変わりますので多目的に使えるように柔軟に対応できるゾーニングも重要です。

(1) 選手更衣室
①場所
　フロアに直接安全にアクセスでき、一般観客および報道関係者から隔離されていることが必要です。できるかぎり、対戦するチームが隣り合わない、動線が重ならない等の配慮が必要です。
②室数
　個別の更衣室を2室以上、4室を推奨します。4室の場合は、トイレ、シャワー等などの設備は2チームの共用でも構いません。ただし、対戦するチーム同士が同じトイレやシャワーを使用することにならないような配慮が必要です。
③最小規模
　15人以上分のベンチ、15人以上分の仕切られた個人用スペースまたはロッカーがあり、15人以上でミーティングができるスペースとホワイトボードを置くスペースが必要です（約100㎡）。
　主として使用される2つの更衣室は、同じ広さであるべきで、また機能や快適性においても差があってはなりません。
　ホームチーム用の更衣室が、ビジターチーム用のそれと比較して、格段に素晴らしい状態にあると、主催者が両チームに同等の対応を必要とする国際レベルの試合では、その開催の可能性が小さなものになってしまいます。
④ロッカー
　ロッカーは、椅子付きの個人スペースが望ましいです。「する」体育館には、鍵付きのコインロッカーを置く場合が見受けられますが、ロッカーキーを身に着けてフロアでプレーする場合はまずありません。着替えを持ってフロアに行く場合や、試合の際には、更衣室の鍵を閉めて、マネジャーが管理する場合もあります。貴重品は、事務所入り口等に貴重品用ロッカーを別途用意するなどして、鍵の必要性と、管理については考慮が必要です。
⑤チーム更衣室の要件
　温水シャワー、鏡付き洗面台、洗浄用シンク、トイレが設置され、換気が行き届き、空調設備が施されることが必要です。床と壁には、清掃が容易で衛生的な素材を使用し、照明は明るくしてください。
　更衣室の設備としては、実施される大会によって違いがありますが、国際試合等では、冷蔵庫、電話（外線／内線）、デスク、高速インターネット回線（LAN）設備、椅子、マッサージ台、製氷機が必要となりますので、設置されていることが望ましいです。マッサージルームか治療室を更衣室に隣接する場所に、更衣室とは別に設置してください。
⑥トイレと衛生施設
　更衣室に隣接し、更衣室から直接・安全にアクセスできる場所に設置してください。

(2) 監督室
①場所
　選手用更衣室に隣接する場所。
②室数
　2
③最小規模
　監督とスタッフが利用する机と椅子、ロッカーがおけるスペース。シャワーや鏡付き洗面台、高速インターネット回線（LAN）設備、電話、ホワイトボードがあることが望ましい（約24㎡）。
④監督室の要件
　換気が行き届き、空調設備が施されること。床と壁には、清掃が容易で衛生的な素材を使用すること。床を滑りにくくし、照明を明るくすること。

(3) サブアリーナ
　施設内にサブアリーナの設置が求められます。フロアの床材や競技用具が、実際に使用されるものと同じものであることが望まれます。サブアリーナの位置は、選手更衣室から近く、靴を履きかえる必要のない通路で行き来できる場所であることが望まれます。
　また、サブアリーナがない、あるいは使えない場合でも、各競技の条件に合った広、高さ床材等のあるウォームアップエリアを設ける必要があります。

①ウォームアップエリアの環境
それぞれのチームには、専用で、一般観客および報道関係者から隔離されており、かつチーム更衣室に極力隣接する位置に、空調設備のあるウォーミングアップのためのスペースが用意されなければなりません。

ウォームアップエリアは、外部から、チーム関係者や大会関係者以外の人がアクセスすることを防ぐために、壁などで囲われていることが望まれます。特に試合開始前になると、選手たちの意識も高揚しますので、極力隔離された状況を作り出し、試合に向けて最善の準備ができる環境を提供することが、その試合の成否の鍵を握ります。

②場所
各更衣室付近

③最小面積
各100㎡

5-2 運営進行諸室

(1) 運営本部室
試合の運営に関わる進行、試合、安全など管理運営に関わるすべての情報が集まる体制下で、運営、セキュリティ、交通アクセス、チケット、ボランティア、スタッフ等が一堂に会し、判断を行う重要な場所です。したがって、試合の進行を管理しやすくフロアへのアクセス優れた場所に設置してください。

大会規模により必要なスペースも変わりますので多目的に使える会議室等が隣接されていると使いやすい施設になります。

監視カメラのモニターなど監視システムの管理機能としてオペレーションできる設備を備えることは重要です。

また、関係スタッフの休憩や食事などを行う場所は別に設けてください。なお、運営本部室には、試合開始の合図を行うため、選手更衣室と審判更衣室をつなぐブザーを設置してください。

(2) 場内放送システム
運営本部室には、非常時に緊急情報を提供できるように、場内放送システムに優先して割り込める設備を持つことが必要です。

(3) 放送・記録室
従来、フロア全体、試合の進行を見渡せる場所に、記録員4名が座れるテーブルと椅子が配置できる大きさ（約18㎡）の放送・記録室を確保する施設がありましたが、使用頻度も低い割に、場所が限定されており、可動式観客席や、空調装置の設置や、諸室の配置に制限を加える要素となっているため、本当に必要なのか再考が必要です。

試合もモニターと録画装置を設置できる装置を運営本部に置くことと、試合の進行に必要な放送が可能な放送席をフロア上または観客席の一部に設置することでその役割が果たせるのか？検討してください。

(4) マッチ・コーディネーション・ミーティング室
①場所
チーム更衣室と審判更衣室の近く、審判更衣室に直接アクセスできる場所に設置してください。

②最小規模
種目、リーグに応じて使う人数に変化はありますが、マッチ・コミッショナー、審判を含む10名程度の人数が使用する会議室（約24㎡）です。

③設備
デスクまたはテーブル、人数分の椅子が必要。大会によっては、ロッカー、電話（外線／内線）、ファックス、コピー機、テレビを要求される場合があります。

(5) 審判更衣室
①場所
選手更衣室と同様に、フロアに直結し、一般観客および報道関係者から隔離されていることが必要です。なお、審判更衣室は、最低1室の設置が必要です。しかしながら、女性審判員が起用され、あるいは男性、女性の試合を連続して開催するケースが増えてきていることから考えると、6人用の更衣室を2室設置することが望まれます。

②最小規模
6人用のロッカー（選手用と同じ椅子付きの個人スペース）が設置可能（30㎡以上が望ましい）。

③更衣室の要件
換気が行き届き、空調設備が施されること、床と壁には、清掃が容易で衛生的な素材を使用すること。床を滑りにくくし、照明を明るくすること。

④設備
6人分のロッカー、6人分の椅子またはベンチ、テーブルと椅子2脚、マッサージ台冷蔵庫、ホワイトボード、場合によっては電話（外線／内線）、テレビ

⑤最小要件
温水シャワー、鏡付き洗面台、トイレ、洗浄用シンク

(6) 医務室
①場所
選手、試合関係者、メディア、VIP、警備員、一部観客などが使用する医務室を設置します。

チーム更衣室ならびに審判更衣室に近い場所で、フロアレベルとも近い位置に設置してください。また、緊急車両が直接フロアにアクセスできるように、アリーナ外へ通じる入り口および通路が必要です。通路、ドアは、担架や車椅子が支障なく通行できるだけの広さを確保してください。

②最小規模
医師、看護師が待機、処置できる広さ（約50㎡以上）

③医務室の装備

診察台、持ち運びができる担架（フロアサイドの担架は別）、洗面台（温水供給）、薬品用のガラスキャビネット、施錠可能なガラス製以外のキャビネット、消毒台、電話（外線／内線）、必要に応じて、部屋を二分できる可動式の壁（パーテーション）を設置してください。

その他、医務室には、以下の機器を備えてください。
A 心臓の律動と患者データが記録できる除細動器
B 心臓モニター
C 体外ペースメーカー
D 静脈留置カニューレなど注入装置が一式揃った注入システム
E 溶液を37℃±2℃の温度に温める点滴システム
F 加圧注入装置、容量分析注入装置
G 中心静脈カテーテル
H 心臓穿刺セット
I 薬剤管理装置
J 挿管器具
K 自動人工呼吸器、固定式酸素（2,000リットル以上）、携行酸素（400リットル以上）、固定式非手動吸引装置（最小負圧水銀500㎜、最小容積1リットル）、カプノメータ、PEEPバルブ
L 胸部排液キット
M 真空マットレス、脊髄ボード、頸部カラーなどの固定器

(7) ドーピングコントロール室
①場所
　各アリーナには、待合室、作業室、トイレが隣接したドーピングコントロール室を設置する必要があります。チーム更衣室と審判更衣室の近く、一般の観客とメディアが立ち入ることのできない場所に設置します。
②最小規模
　トイレ、作業室、待合室を含む。
③ドーピングコントロール室の要件
　換気が行き届き、空調設備が施されていること。床と壁には、清掃が容易で衛生的な素材を使用すること。床を滑りにくくし、照明を明るくすること。
　ドーピングコントロール室が独立で設置されることが望ましいが、スペースの都合等で設置できない場合は、多機能トイレ、封鎖できる廊下、作業室と待合室に使用できる会議室等をまとめてドーピングコントロールの実施を可能にし、ドーピングコントロールエリアとして運用を図ることも一案です。
④作業室の装備
　デスク、椅子×4、洗面台と鏡、電話（外線／内線）、サンプル瓶保管用の鍵付きキャビネット。
⑤トイレ
　場所は作業室に隣接し、作業室へ直接アクセスできる、2名以上が利用できる広さの場所、鏡付き洗面台、シャワーも併せて装備すること。
⑥待合室
　場所は作業室に隣接し、8人が十分に座れる椅子席、冷蔵庫、テレビを装備すること。

(8) モッパー更衣室他
　試合進行に関わるモッパー更衣室のほか、ボランティア、マスコット、演出関係の出演者の控室が必要です。また、国際試合などの大きな試合の場合には、試合進行に関わる諸室が多数必要になる場合があります。このような利用に対応する予備室が複数必要です。

5-3 その他

(1) 試合関係者入口
　試合関係者入口は、チーム関係者、VIP、VVIP（VIPの中でさらに重要な人物、一般的には皇族、王族、政府閣僚等で、SPなど特殊な警備体制が必要な人物）、さらにはメディア関係者等が利用し、受付が設置されることがあります。動線を分離する上からは、分けられるものは分離することが好ましいです。しかし、施設が小規模であれば、これらが試合関係者入口で一括処理されることになります。場合によってはミックスゾーンとして利用されることもあります。多目的に利用するのであれば、試合関係者入口付近は余裕のあるスペース確保が望まれます。

(2) 倉庫・予備室
　バックヤードについては、通路と諸室を仕切った方が良いのか？考慮しておくことが必要です。通路や出入口を固定することで、倉庫としては使いにくくなる場合もあります。また、用具の出し入れの際にフォークリフトを利用する場合もあります。無駄な床や壁の仕上げはやめて、コンクリート打ち放しの最小限の仕上げも考えておくべきです。
　外部からの用具等の搬入に配慮し、搬出入車両の駐車スペースとの関係も十分考慮する必要があります。
　競技備品用倉庫、売店倉庫、警備備品倉庫、入場ゲート備品倉庫、サイン看板用倉庫などが必要になります。部屋の数、必要な面積等については、アリーナの管理者が判断してください。また、用途に応じてその広さを調整できるように、パーテーションのある部屋を多く設置することも便利です。

(3) 掲揚ポール（バトン）
　VIP席から必ず視認できる位置に最低でも5本の掲揚ポール（バトン）、またはそれに代わる適切な手段で5旗以上のフラッグを掲示できる設備を設置してください。

(4) サイン看板
　すべての通路に、選手、審判、関係者が向かうそれぞれの部屋を示した、簡単で分かりやすいサイン看板を設置してください。各サイン看板には、チーム更衣室、審判更衣室、マッチ・コーディネーション・ミーティング室、ドーピングコントロール室などと明記してください。

表3　フロア関連 諸施設チェック表

		諸機能	備考	クラス別対応					本編
				大規模	中規模		小規模		
					新設	既設	新設	既設	
フロア関連	フロア	フロアサイズ	51m×44m以上。	◎	◎	○	◎	○	4-1
			フットサル2面の場合は60m×46m以上	○	○	○	◎	○	
			アイススケートリンクを設置する場合は63m×33m以上必要。	◎	○	▲	○	▲	
		天井高	12.5m	◎	◎	◎	◎	◎	4-2
	サブアリーナ設備等	サブアリーナ	44m×24m	◎	◎	○	◎	○	4-3
		ゴール	フットサル用	◎	◎	◎	◎	◎	4-6
			バスケットボール用	◎	◎	◎	◎	◎	
		ネット・ポール	バレーボール用	◎	◎	◎	◎	◎	
		ベンチ	選手控え用ベンチ。15名×2チーム分。	◎	◎	◎	◎	◎	
		フロア広告看板	高さ70〜100センチ。	◎	◎	◎	◎	◎	4-7
			フロアサイド電光ボード	◎	◎	◎	◎	◎	

◎は原則的に必ず設置する事項／○は設置すべき事項／▲は設置を推奨する事項

表4　試合関係者関連 諸施設チェック表

		諸機能	備考	クラス別対応					本編
				大規模	中規模		小規模		
					新設	既設	新設	既設	
試合関係者関連	チーム	チーム更衣室	4室又は2室　100㎡以上	◎	◎	○	◎	○	5-1-1
		監督室		◎	◎	○	◎	○	5-1-2
		ウォームアップエリア	サブアリーナ又は100㎡以上	◎	◎	○	◎	○	5-1-3
	運営進行	運営本部室	机、椅子、空調設備、電源、電話回線を設置	◎	◎	◎	◎	◎	5-2-1
			200㎡以上	◎	◎	○	◎	○	
		場内放送システム	アリーナ内外の放送システムを設置	◎	◎	◎	◎	◎	5-2-2
			緊急事態発生時に非常用放送ができること	◎	◎	◎	◎	◎	
			運営本部から割り込みできること	◎	◎	◎	◎	◎	
		記録室	机、椅子、モニター、電話	◎	◎	○	◎	○	5-2-3
			プレイエリア全体を見渡せる場所	◎	◎	◎	◎	◎	
		コミッショナールーム	デスク、椅子、ロッカー、電話(外線/内線)	◎	○	▲	○	▲	5-2-4
		審判更衣室	6人収容可能な部屋2室	◎	◎	◎	◎	◎	5-2-5
		医務室		◎	◎	◎	◎	◎	5-2-6
		ドーピングコントロール室		◎	◎	◎	◎	◎	5-2-7
		予備室		○	○	▲	○	▲	5-2-8
		試合関係者入口		◎	◎	○	◎	○	5-3-1
		倉庫・予備室		○	○	▲	○	▲	5-3-2
		掲揚ポール・バトン	フラッグを掲示できる設備の設置	5旗	5旗	3旗	5旗	3旗	5-3-3

◎は原則的に必ず設置する事項／○は設置すべき事項／▲は設置を推奨する事項

第6章 メディア関連事項

視聴者に最高のアリーナスポーツ放送を提供するために、最新設備を取り入れた設計が必要となります。大会の種類によって、報道関係者用として要求される設備は大幅に異なります。たとえば、同じチームの対戦であったとしても、結果が優勝を左右するような試合では周囲の注目度が必然的に高まります。また、国際試合、とりわけ代表チーム同士の試合の場合は、国内のみならず海外諸国から報道関係者が多数訪れるようなケースも見られます。報道関係者の数は、当該試合の注目度に比例します。

また、アリーナスポーツにおいて新聞、雑誌、テレビ、ラジオといった従来メディアだけでなく、インターネットなどの新たなメディアへの対応が重要な要素となります。回線設備や無線設備など時代にあった設備に柔軟な対応をすることが肝要です。

国際大会の場合、中継車や電源車を各社が持ち込むことも多く車両スペースや電源盤の設置位置はメディアを意識して配置する必要があります。

メディア関連関係諸室の配置は、選手、観客や大会運営関係者とのゾーンや動線が交錯しないように配慮が必要です。

6-1 記者室・記者会見室・ミックスゾーン

(1) 記者室

記者室の規模については、プレス用の席数を基に判断してください。たとえばメディア用に200人分の席数を用意するアリーナでは、約80人分のスペースの記者室が必要です。また、男女用のトイレ施設を必ず設置してください。

ワーキングルームは、デスク、電源、電話、LAN回線等の設備を備えた作業エリアとします。また、国際試合では、各機関（旅行機関、交通機関、銀行など）のためのオフィスを特別に設置することをお薦めします。

記者室には、以下の設備を用意してください。
A 受付デスク
B コピー機とファックス
C テレビモニター
D カフェテリア
E 報道資料分類整理棚
F 記者の作業エリア
G フォトグラファーの作業エリア
H ロッカー
I 無線LANまたは有線LAN

(2) 記者会見室

記者会見室には、十分な記者用の椅子を用意し、適切な音響システムを装備してください。試合の規模にもよりますが、一般的には記者席40~50人分以上の（100㎡以上の）広さが望ましいです。記者会見室は、試合のない日も多目的に使用できます。

部屋の片側、できればチーム更衣室に通じるドアに近い方に、監督、選手、または必要に応じて広報担当者、通訳が並ぶ舞台と専用入口を設置してください。その後ろには、さまざまなデザインに簡単に変更できる背景幕（バックボード）を設置します。

舞台に向かって反対側には、10組以上のテレビENG（Electronic News Gathering）クルー（カメラマン、照明、助手などからなる）がカメラや三脚をセットできる壇を設けます。その他、監督や選手の前にたくさんのマイクを並べる必要がないように音声分配器を装備し、ミキサーで集中管理できる、高性能な音響システムを設置してください。

記者会見室は、チーム更衣室から簡単にアクセスできる場所に設置します。

(3) ミックスゾーン

イベントによっては、試合後、ミックスゾーンの設定が義務付けられています。これは、試合終了後、許可された報道関係者が監督や選手に直接インタビューするためのエリアです。ミックスゾーンはチーム更衣室に比較的近い場所一カ所に設け、取材対応後、両チームの選手やチーム関係者がスムーズに更衣室や控室にアクセスできるよう配慮してください。

メディア関係者のみが入れるスペースを用意し、一般の観客が立ち入ることができないよう設置します。国際試合では、ミックスゾーンをメディアエリアと選手、監督などとの間に柵などで仕切りを設ける配慮も必要となります。

ミックスゾーンに必要なスペースは試合によって異なります。記者が支障なく取材するには、1人あたり2.5㎡のスペースが必要です。なお、ミックスゾーンは特に常設設備として設置される種類のものではなく、既存のエリアを上手く活用することで対応可能です。

ミックスゾーンを円滑に、上手く運営することは、主催者の中の広報責任者の双肩にかかっていると言えるでしょう。

試合後の取材をスムーズに運営し、報道関係者との間に良好な信頼関係を保つことは、大会を成功させるための基本的構成要因の一つであることを理解しなければなりません。

6-2 記者席

　記者席は観客席と隔離されたフロア全体が良好に見渡せる場所に設置してください。

　記者席からは、記者室、ミックスゾーン、記者会見室など他のメディア関連諸室と簡単に行き来ができるように動線を配慮してください。常設の記者席には、ノートパソコンなどが置ける十分な広さのデスクを装備してください。各デスクには、電源コンセントとデスク照明が必要です。さらに、高速インターネット回線（LAN）の設置が望まれます。

　国際試合などの開催を予定している場合は、取材者数に応じて、記者席の席数を大幅に増やすことができるような設計が必要となります。席数が足りず、一般の観客席を記者席に変更しなければならない場合もあります。追加席には必ずしもデスクを設置する必要はありません。目安としては、半分ほどの椅子席にデスクを設置すればよいでしょう。

　テレビモニターは設置が望まれるアシスタントツールです。テレビモニター用を含めて、さまざまな目的に使用するのに十分な数の電源コンセントを用意してください。

　なお、記者席は放送席としても使用できます。

　新アリーナの建設設計に際しては、ワイヤレス通信に関する最新情報を常にチェックしてください。

　今後、報道関係者の動線においてもバリアフリーの考え方を導入することが求められます。

6-3 スチールカメラ対応

　第一に、無理なく機材を降ろすことができる適切な場所に駐車スペースを用意してください。フォトグラファーには、報道関係者受付にて撮影許可証を提示してもらい、フロアへの入場許可証としてビブスなどを手渡します。フォトグラファーが機材を置くことができるカメラマン室を、記者室と近く、フロアへのアクセスが容易な場所に用意します。

　デジタルカメラの普及により、コート上のフォトグラファーポジションの後方に電源コンセントとLAN回線の設置が求められます。したがって、フォトグラファーの後方に1.5m程度のスペースを余分に確保してください。

6-4 中継用実況放送室

　テレビとラジオ用にそれぞれの中継用実況放送室を設置してください。実況放送席はメインカメラと同サイドでフロア中央に近い場所、かつフロアレベル全体が完全に見渡せる場所に位置しなければなりません。実況放送室には放送に必要となる機材、電話、書類等が置けるだけのスペースを有した机と、放送規模に応じた人数分の椅子が必要です。机には実況放送チームがフロア上の出来事を見逃してしまうことがないように、テレビモニターを斜め上方向に向けて設置してください。

　隣接する実況放送室の音を拾わないように、壁などで遮断してください。一方、アリーナの臨場感を得るために、実況放送席のフロア側は開閉可能な窓などを設置し、解放できるようにしてください。各ポジションには、最低でも2つの電源コンセントを用意します。ラジオ放送が実施される場合にも、同様の対応が必要です。

　国際試合では、要件が大幅に厳しくなります。たとえば、世界的に注目を集める試合であれば、多くの放送席を設置する必要があります。設計次第とはいえ、1つの放送席を設置するのに、6席分もの客席を削減しなければならない場合もあります。各放送席につく人数は、最低で3名です。メディアの作業ルームや記者会見室と簡単に行き来ができるように配慮してください。

　メディア施設の要件は、イベントの種類に応じて大きく異なります。その点には注意が必要です。出場チームの人気や中継の程度にもよりますが、いくつかのデスクだけで十分な場合もあります。一方、国際試合の場合は、大幅に広い作業スペースが必要となります。メディア関係者のための作業エリアは、常設、仮設にかかわらず独立したスペースとして確保されなければいけません。

6-5 テレビカメラ対応

(1) 電力供給量の確保ならびに照明要件

　多くの場合テレビ放送に望まれる施設は、試合日は仮設により対応が可能です。これらが容易に設営でき、かつ十分な電力の供給を確保する必要があります。

　また外部の中継車からケーブルを引き込みますので、扉等の工夫や、テレビカメラ位置までのルートへの配慮などが必要になります。

　以下の要件は、国際試合レベルを想定したものです。ただし、正確なキャパシティと数については、それぞれのケースに応じて、主催者、メディアサービス、放送関係者が判断します。特にテレビに関しては、最大限効果的な中継を実現するために、最新技術を導入できる柔軟性が求められます。

　照明要件については、ハイビジョンテレビ（High Definition Television：HDTV）の導入など、技術の進歩に応じて変わってきます。アリーナの建設にあたっては、主要テレビ局やキー局に相談することをお薦めします。

(2) 多元的な放送

　カメラポジションは、すべて主催者と放送局との合意に従って配置します。観客がカメラに入らない位置に、またカメラが観客の視界を遮らないように配置するように注意してください。メインスタンド中央のメインカメラは、ハーフライン上、ハーフラインと手前の側のサイドラインとの交差を見下ろす位置に配置します。多元的な放送に関する正確なカメラポジションについては、ホスト局がアリーナを検証した上で判断します。

各カメラに照明が入り込まないようにし、カメラポジションからフロア全体が見渡せるようにしてください。放送席も、メインカメラと同じ側に配置します。各カメラポジションには、約2m×3mのスペースを確保してください。

　必要に応じて、各エンドライン側にもカメラを設置します。その場合は、エンドライン側からコートに向かって、ゴールのクロスバーやバスケットを越えてペナルティーマークやフリースローラインが見える高さに設置してください。

　その他、試合の規模などに応じて、3〜6台のテレビカメラをサイドライン沿いとエンドライン側のエリアに設置する場合もあります。ただし、カメラの使用については、主催者や競技団体等の許可が必要となります。

　アリーナの天井からコートを俯瞰するカメラや、バスケット裏やゴール内など、その他のカメラポジションについても検討する必要があるでしょう。

　すべてのカメラポジションは、主催者と放送局の合意により決定されなければいけません。いかなる場合も、一般観客を含む関係者の安全を損なう可能性のある設置は認められません。同時に一般観客の視線の妨げとならないよう、最大限の注意を払う必要があります。

(3) 一元的な放送

　一元的な放送では、メインスタンドと各エンドライン側にカメラを配置し、国際音声を提供します。多元的な放送で使用するカメラポジションを確保してください。また、各エンドライン側の広告看板の後方に、カメラ1台につき約2m×2mの専用ポジションを明確に区切って配置します。どちらも正確なポジション数については、主催者と放送局との間で決定してください。

　主催者と放送局との決定に応じて、放送席のそばや後方にポジションを追加することもあります。このエリアには、放送スタッフ用にデスクのない椅子席を用意してください。

　できれば、選手がフロアへ入場する入場口付近にも、カメラポジションを設けてください。なお、このポジションを特にインタビューとプレゼンテーションに使用する場合は、関連規則に従う必要があります。

表5　メディア関連 諸施設チェック表

				大規模	中規模		小規模		本編
		諸機能	備考		新設	既設	新設	既設	
メディア関連	会見等	記者室 (兼カメラマン室)	フォトグラファー兼用の記者室の確保	200㎡	150㎡	100㎡	80㎡	40㎡	6-1-1
			男女用トイレの設置	◎	◎	◎	◎	◎	
			デスク、電源、電話、事務機器等	◎	◎	○	◎	○	
		記者会見室	設置(記者室との併用可能)	◎	◎	◎	◎	◎	6-1-2
			舞台、音響システム	○	○	▲	○	▲	
		ミックスゾーン		◎	◎	○	◎	○	6-1-3
	記者席等	記者席	本文を参照	120席	80席	50席	40席	20席	6-2
		スチールカメラ	駐車スペース	◎	◎	○	◎	○	
			控室	◎	◎	○	○	▲	
			個人ロッカー	○	○	▲	○	▲	6-3
			フロア上電源とモジュラージャック	◎	◎	▲	○	▲	
			フォトグラファーポジション後方の1.5mスペース	◎	◎	○	◎	○	
			本文を参照	◎	◎	○	◎	○	6-4
		テレビカメラ	■テレビ中継関連カメラ設置スペース						
			■テレビニュース関連:ENGカメラ設置スペース。						
			■カメラスペース						
			■ケーブル設置スペース						6-5
			■伝達用機材等(アンテナ/アンテナ搭載車両/光ファイバー用端末)設置スペース。						
			アリーナからテレビ局および中継基地へ試合中継映像を伝送するために必要な以下の機材等を設置するためのスペース。						
			テレビ局および中継基地へ伝送するためのアンテナ、衛星へ伝送するためのアンテナ搭載車両、光ファイバー用端末。						
			全て備わっていることが絶対条件ではないが、いずれか一つは必須。						

◎は原則的に必ず設置する事項／○は設置すべき事項／▲は設置を推奨する事項

第7章
観客関連事項

最新のアリーナでは、すべての観客がコートを見渡せる場所から安全かつ快適に試合を観戦できることが重要です。

7-1 入退場スペース

(1) 待機スペース

アリーナに入る前の空間は、観客が入場する前の待機スペースとなります。

人気のあるイベントでは待機者も多くなります。収容人員の2〜3割程度の観客が待機列を組めるスペースが必要です。

この待機列を誘導するために、柵などを設置しますが、その都度設置するために、多くのスタッフの労力を必要とします。埋め込み式のバリカーなどを建設段階から備えることをお薦めします。また、トイレの設置も検討してください。

(2) 照明等設備

この待機スペースは、チケットの販売なども行われるスペースです。チケット購入時の窓口周辺や手元を照らす十分な照明が必要です。

その他にも、このスペースには売店が出たり、イベントを行ったりすることも多くありますので、照明だけでなく、電源の確保も必要です。

(3) 場内放送システム

入場前の観客に対し、独立して情報を伝達できる放送システムが必要です。

(4) 入場ゲート

場内へは土足のまま入ることが可能なこと。入場ゲートには、手荷物検査を行うための机を設置し、また、ビン・缶の移し替えスペースを確保する必要があります。雨天時のための屋根の設置はもちろんのこと、照明、電源、LANなどが整備されていることが望ましいです。入場ゲートの近くには、手荷物預り所や迷子の案内所などの設置も必要となります。

7-2 コンコース

コンコースは、一般客用の重要なホスピタリティスペースとして考えて整備されることが望まれます。

また、コンコースは、ハーフタイム時などには多くの人が行き来するので、広いスペースが必要です。一般的な飲食売店やグッズ売店のほか、レストランなどを設けるなどしても良いです。コンコースをはじめ、すべての一般用ホスピタリティ施設は必ず、試合開催中はできるかぎり清潔と整理整頓を心掛けてください。また、夜間の試合開催時でも十分に安全が確保できる照度の灯りを設置してください。売店設備やファンサービス実施のためにも十分な数の電源、電話線、LAN回線の設置が必要です。

7-3 観客席の快適基準

Jリーグが設立されてから、観客にとってのスタジアムの快適性は大きく改善されてきました。これは、すべてのカテゴリーの観客にとって言えることです。この傾向は、今後も続くものと考えられます。アリーナスポーツでも、同様に観客席の快適性を求められるものであり、Jリーグのスタジアムの快適性を下回るアリーナは淘汰されると考えられます。したがって、数年間のニーズを考慮しただけのアリーナを建設するのではなく、来るべき世代のニーズに応えることができる、もしくは、少なくともそうしたニーズに応えることに大きな障害のないアリーナの建設が望まれます。

(1) 椅子席の形状

2-1-(1)で観客席の快適性によって4つに分類しました。利用者にとってはできるかぎり、快適な椅子の形状であることが望まれます。

観客席はすべての観客席は一つひとつが独立し、快適な角度に設計され、30cm以上の背もたれがあり、できれば肘掛けとカップホルダーがあることが望まれます。

観客席は壊れにくく、耐火性があり、極端な劣化や色あせが見られないものでなければなりません。VIP用椅子席には、ゆったりした快適なものを使用し、一般の観客席とは離れた、フロアの中央を臨む位置に配置してください。どのような種類の椅子席を設置するかについては、十分な考慮が必要です。

席の間隔は、観客の快適性を大きく左右します。観客席数を最大限にすれば、収益性は上がるかもしれませんが、観客の快適性を損なうばかりか、緊急事態発生時の避難動線を確保することができません。長期的に見れば、観客数の減少につながる可能性もあります。観客の膝が前列の席の後部やその席に座っている人にあたったりしないよう前後85cm以上の間隔での設置が望まれます。さらに満員の状態でも、楽に観客が出入りできるようスペースが確保されるように、90cmから1m以上の前後間隔での席の配置や、1列に対する座席数を少なくして通路に出やすくすることが必要です。また、席幅は40cm以上を1席としている例も見られますが、かさばる服装をしている観客を考慮して、席幅は最低でも50cm以

上を確保することをお薦めします。VIPおよびVVIPの座席幅は最小で60cmとし、抜群の快適性を提供します。肘掛けも設計に加えてください。

(2) 観客席の視界

どの観客席からも、フロアがすべて見渡せることが条件となります。観客席からの眺めを計算した場合、フロア周辺の広告看板はその高さを70～100cmとします。また、プレーエリアのすぐ外側に設置されることを前提としてください。最低限の簡単な基準としては、すべての観客が1列前に座っている観客の頭を越えて、フロアをまっすぐ見下ろせるようにする必要があります。

国際バスケットボール連盟（FIBA）は、2列目以降の視点の高さをaとし、コートまでの水平距離をxとした場合、1列前の距離をb、1列前との段差をc、視点と頭の上までの長さをdとした時に、x＝a×b／（c−d）が望ましい。という見解を示しています（図3）。

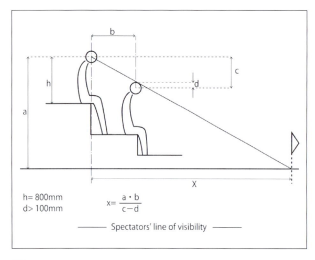

図3

7-4 観客席エリアの諸機能

(1) 飲食売店

飲食売店については、清潔で、魅力的な場所とし、観客の利用しやすい場所に設置してください。温かい食べ物や飲み物を提供するための安全な熱源確保も必要で、今後は電子マネー決済に対応する設備も必要です。

アリーナの各所に偏りなく設置するようにしてください。

需要の増加が見込まれる場合には、臨時で仮設の飲食売店の設置個所も用意すべきです。コンコースに移動販売などの車両が簡単に乗り入れられる工夫も効果的です。メニューは観客が並んでいる途中でも注文が決定できるように、離れた場所からでも見えやすく表示します。また、一度に多くのスタッフが作業場で働けるように設計してください。

飲食売店、グッズ売店、プログラム売店は、買い物客の待ち列が他の観客の妨げとなりにくい場所に設置してください。アリーナでは、売店と壁との間に十分なスペースが確保できず、通路が通れなくなってしまう場合がよくあります。特に混雑するのが、観客がアリーナ内を移動し、買い求める人で売店に列ができるハーフタイムです。

飲食エリアに映像装置を設置すると、ハーフタイム時の混雑のストレスを少しでも抑えることが可能です。飲食エリアで試合を見届けることができれば、ハーフタイムの混雑を避けようと、前半終了前に観客席を離れる客もいるでしょう。

観客が試合の前後に飲食を購入する傾向があることを考え、コンコースに椅子を設置したり、椅子とスタンディングテーブルを設置したりすることが望まれます。このような設備は、アリーナ周辺の街路を見渡す位置に設置することもできますし、観客席以外では試合が見られる場所として、フロアとスタンドを見渡す位置に設置することもできます。

すべての一般用ホスピタリティ施設は必ず、清潔と整理整頓を心掛けてください。各所には、十分なゴミ箱を設置します。できればリサイクルが容易になるように、分別タイプのゴミ箱を設置してください。施設の営業中は、十分な数の清掃スタッフを巡回させてください。

ハーフタイムに大量のゴミが捨てられることを考慮して、容量の大きなゴミ箱を十分な数だけ用意します。ゴミ箱が小さければ、清掃に余計なコストがかかってしまいます。リサイクル方法が確立していれば、その手順を示す分かりやすいサイン看板を目立つ場所に設置してください。

飲食売店への資材等の搬出入用エレベーターを設置するなどの工夫が求められます。

また2-1-(2)「開かれたアリーナ」にも言及しましたように、アリーナの内部のみの利用を考えるのではなく、試合がない日にもアリーナの周囲の住民にも利用できるようなアリーナの内と外の両方からアクセス可能な飲食店の設置が望まれます。

さらには、それが、単なる「飲食売店」ではなく、「クラブハウス」の食堂機能を兼ねるようになれば、コミュニティの拠点としての機能を果たすことも期待されます。

(2) グッズ売店

コンコースの混雑とならない場所に、グッズ売店を設置します。観客にとって魅力的な施設となるようにしてください。飲食売店と同じ電子マネー決済に対応する設備も必要です。電源や電話線も必要となります。また、飲食売店やグッズ売店の行列の動線がトイレや喫煙スポットにかからないように設計してください。

この売店も、2-1-(2)「開かれたアリーナ」で言及したようにアリーナの内と外の両方からアクセス可能で、利用できるもので、「クラブハウス」の売店機能を兼ねるようになることが望まれます。

(3) トイレ

アリーナの安全な周辺域に、男性と女性用、障がい者用（多目的）の十分な数のトイレを設置してください。各トイレには、清浄な水が使える洗面台が必要です。トイレは明るく、清潔で、衛生的なものとし、こうした状態を各イベントの開始から終了まで維持するようにします。

一般に衛生施設の利用時間は女性の方が長いことを考え、女性用トイレの数を増やすことをお薦めします。女性の利用時間を短縮する方法として、子ども用のトイレを設けたり、動線を一方通行にしたり、洗面台に鏡を設置せず、別の場所に設置したりすることで効果を上げているケースがあります。また事前に、和式・洋式のトイレの設置比率、障がい者用（多目的）を十分に検討する必要があります。また、乳児対応（おむつ替えベッド）も設置してください。

推奨する設置数は、女性1,000人につきトイレが20室、洗面台が7、男性1,000人につきトイレ5室、小便器10器、洗面台が5です。VIPとVVIPエリアでは、この比率を高くすべきです。

ただし、空気調和・衛生工学会の「衛生器具の適正個数算定法」によりますと、ホール・劇場などの限定（集中）利用の算定では、男性1,000人つきトイレ13～18、小便器15～17、洗面器8～10、女性1,000人につきトイレ31～36、洗面器、11～12で、分散設置する場合には利用対象圏の重複を見込み、利用人数を1割程度割り増して算定することが望ましいとされています。

Bリーグでも、入場可能数に対して2%以上が必要とされていますし、将来的には、1,000人の観客に対し、男性トイレ3、小便器17、洗面台6と女性トイレ20、洗面台14が必要とされています。

アリーナで行われるイベントが、必ず男女比が50：50になるわけではありません。大便器設置スペースや、洗面スペースの間仕切りを可動にするなど、男女比に合わせて快適なトイレ設置数になる工夫も考慮する必要があるでしょう。

観客同士がぶつかり混雑しないように、トイレへの出入り口は一方通行にします。それができない場合は、トイレに入る人とトイレから出る人の通路を区分できるだけの十分な広さを確保してください。

女性トイレには、洗面台とは別に化粧直し用の鏡台を設置し、混雑を緩和させるなど工夫も必要です。

補助が必要な障がい者用や小さな子ども用の多目的トイレの設置も、5,000人の観客につき1室の割合で検討すべきです。

アリーナを建設するにあたっては、洗面所を含め、適切なカスタマーサービスを提供する質の高い公共施設となることを目指してください。

(4) 喫煙スポット

観客席およびコンコースなどアリーナ内の観客動線は禁煙にしてください。喫煙者には、他の観客に迷惑にならない場所、コンコースの一部やアリーナ外のテラスなどに隔離して、喫煙スポットを設置することをお薦めします。

(5) 救護室

救護スタッフが待機している救護室を開催規模に合わせ、適宜配置できるように計画してください。

(6) 公衆電話

携帯電話が普及したため、公衆電話の使用は減りつつありますが、アリーナ内とその周辺には適当な数の公衆電話を設置してください。

これらは、観戦をより快適にするだけでなく、緊急事態発生時の情報伝達の手段としても非常に重要な役割を担います。緊急事態発生時（たとえば携帯電話のシステムに異常が生じ通話が不能になった場合）を想定し設置しておく必要があります。

7-5 観客席への誘導システム

(1) 観客席の確認

観客席の列が識別できるように、通路に床ラインの表示をする、あるいは列の端の席の分かりやすい場所に列番号を表示してください。アリーナに到着した観客の手には、たとえばBエリア、22列、9番などと示されたチケットが握られているはずです。席までのルートを分かりやすく表示し、初めて訪れる観客でもすぐに確認できるようにしてください。

迅速かつ簡単に、間違いなく席が見つかるように、すべての席に番号を付けます。席番号が小さく、しかも印字が薄くて見づらい状態だと、立ち止まって確認せざるを得ません。そうすると、後ろに続く観客が待たされてしまい、いらいらする羽目になります。全体の入場プロセスが快適で、スムーズに流れるような配慮が必要です。

(2) 観客席までのサイン看板

アリーナ内外のすべてのサイン看板には、世界各国の人々が理解できるようなサイン看板を使用してください。アリーナ利用者の中には日本語を理解できない人がいるものと考えてください。現代の国際的なアリーナには、複数の言語による案内、とりわけ日本語／英語の併記がなされることが望まれます。また記号化された分かりやすいサイン看板は、現地の言語を理解しない人々の観戦を快適なものにするために、非常に有効です。国際試合で対戦国からの観客が詰めかけることが分かっている場合には、その言語によるサイン看板や電光板を使用して掲示するような対応が好ましいといえます。

アリーナ内の各セクションへ、一般観客を円滑に案内できるよう簡潔で分かりやすいサイン看板がアリーナ入口や内外の各所に設けられている必要があります。各エリアへの経路を示すために、アリーナへの進入路とアリーナの内外には、広範な情報を分かりやすく表示したサイン看板を設置します。目立つ場所に分かりやすく設置し、観客にトイレ、飲食売店、退場口など各サービスエリアの場所を案内してください。

チケットには、その観客席の位置が明確に示されていなければなりません。同時にチケットに記載された情報は、アリーナ内外のサイン看板に記される情報と完全に合致していることが必要です。チケットと該当する観客席のエリアを同色に分類することも、効果的です。

観客に対するサイン看板として、壁面に大型のサイン看板を設置してください。アリーナを初めて訪れる観客のために、各エリアの外側の動線部分に総合案内所を設置してください。

サイン看板はより簡潔で、観客の進行方向を明確に示すものでなければなりません。同時に緊急事態発生時の避難動線を明示している必要があります。

7-6 場内情報システム

(1) 場内放送システム

アリーナ内のすべてのエリア、観客席、運営諸室およびフロアレベルで明瞭に聞こえ、放送内容が完全に理解できる性能を有した場内放送システムが備わっていなければなりません。

イベント主催者とアリーナの安全管理者は、高性能で信頼できる場内放送システムを使用して、アリーナの内外にいる観客に明確に情報を伝達できることが重要です。

システムの要件
A アリーナの管理室内あるいは管理室に隣接する場所など、オペレーターがアリーナ全体を見渡せる場所に場内放送室を設置すること。
B ゲート、アリーナ内部の各室、ホスピタリティ施設、観客席など、アリーナのエリアごとに個別に放送ができること。チーム更衣室などに一般用の放送が入らないこと。
C 声援が大きい試合中も、観客がメッセージを確実に聞き取れるように、十分な音量が確保できること。
D 緊急事態の発生時には、アリーナの管理者がいつでも別の音源に割り込める優先機能を備えること。

十分な予算がある場合は、場内放送システムよりもコストはかかるものの、より性能の高いアリーナ音響システムの設置も効果的です。音響システムは、音楽を提供でき、アナウンスが明瞭で聞き取りやすいなど、場内放送システムを上回る確かな利点があります。

場内放送システムは緊急事態発生時を想定し、主催者がいつでも割り込んで放送できるような装置を設置しておかなければなりません。全関係者の安全を確保するための放送は、いかなる場合でも優先される必要があります。また、停電や緊急事態発生時を想定して放送用予備電源を備えておくことも重要です。

(2) 大型映像装置

大型映像装置には、スコアボードの機能に加え、出場メンバーを表示します。また、大型映像装置で広告スポットを流すことが、アリーナにとって収益源の一つとなっていることも少なくありません。

アリーナ内のどこに映像装置を設置するかは、設計プロセスの初期段階に検討すべき重要な問題です。より多くの観客席から視界に入る位置に、大型映像装置を設置することが望まれます。通常、2台以上の大型映像装置を設置すれば、全エリアの観客が比較的無理なく画面を直接見ることができるようになります。

また大型映像装置を設置する場合は、観客席を削減しなければならない可能性もあります。観客席を削減しなくてもすむフロアセンターの天井から吊り下げるタイプの大型映像装置を設置することをお薦めします。

その場合は、フロアからプレーエリアとしてもっとも高い位置を設定しているバレーボールが12.5mですから、それ以上の位置に吊り下げることになります。

その他にも、コートサイド看板をLED式のものにして映像を映し出したり、広告を変更したりできるものや、リボンビジョンと呼ぶアリーナ内をぐるりと長い映像装置で囲むものなども、観客に対して試合演出や広告露出として効果的ですので、設置をすることをお薦めします。

大型映像装置が設置されているアリーナでは、場内放送システムを併用し、大型映像装置を活用し安全や警備に関する情報を的確に観客に伝達することができます。

また、大型映像装置は場内放送システムと併せ、観客に快適な観戦を提供します。試合前やハーフタイムに映像を流す、試合中に両チームのメンバーや得点を掲示するなども効果的な方法です。運営担当者のアイデア、工夫によって、アリーナをより素晴らしい空間へと導いてくれるはずです。設置場所に関する主な決定要因は、すべての観客が最適な形で見ることができること、観客席を削減せずにすむ、あるいはその数を最小限に抑えられること、一観客にとって危険がなく、また観客を干渉しない場所に設置することなどです。

試合中の即時リプレーの程度については、アリーナや試合関係者によって一部制限されていますが、より多くのリプレーを求める声は高まりつつあります。こうした理由から、近代的なアリーナという評価を望むのであれば、最新の高性能な大型映像装置の設置は必須条件だと言えます。

(3) 時計

試合時間を表示できる独立した時計を設置します。バスケットボールの場合は、通常の時計以外にショットクロック（24秒）という時計も必要となるなど、種目によって試合時間や、表示が違いますから注意が必要です。

(4) 通信設備

IT技術の発達とスマートフォンの普及で、Wi-Fiのアクセスに対する要求は高まっています。関係者、メディア関係者だけでなく、観客もWi-Fiへのアクセスが可能なアリーナにす

ることで、大型映像装置とリンクしたコンテンツの提供や、試合を観ながらの情報へのアクセス。さらには観戦用ゴーグルに至るまで、さまざまな新しい観戦の仕方を提供できるようになります。

観客数に応じたアクセス可能な通信設備の設置は、今後の必須条件と言えます。

7-7 障がい者への対応

(1) 車椅子席の確保

すべてのアリーナは、障がい者が一般の観客と同じ条件で安全に、かつ快適に観戦できるように観客席を配慮されなくてはなりません。そのためには、見晴らしが良い十分な車椅子席、介助者の椅子、車椅子用のスロープ、手すりの付いたトイレ等のサポート、サービスが必要になります。

車椅子席は、その前段でジャンプする観客やスタンドに吊るされたフラッグやバナーなどで、視界が妨げられる可能性のある場所には設置しないでください。

(2) 車椅子用動線の確保

車椅子用駐車場を用意し、そこから観戦エリアまで車椅子のまま直接アクセスできるようにします。昇降にはエレベーターなどが利用できるように動線を計画してください。

緊急事態発生時の避難動線は、フロアまたは広いコンコースに少なくとも2系統以上確保されていなければなりません。同時に他の観客の避難動線上、もしくは避難の妨げの可能性のある場所に車椅子席を設けてはなりません。

VIP、VVIP、メディア、放送、選手用施設も含め、車椅子の観客がどの入口からもアリーナに入場できるよう考慮し、また観戦エリアに到着するまでにはなはだしい不備があったり、他の観客に迷惑がかかったりしないように配慮してください。

こうしたエリアには、各車椅子席の側に介助者用の椅子席や電動車椅子の充電用の電源も用意してください。車椅子用のトイレは、観戦エリアに近く、すぐに利用できる場所に設置してください。飲食売店も同様です。

(3) その他

視覚障がい者に対する点字サインや誘導ブロック、誘導ソフトマット等の配置も検討してください。特に誘導ブロックや誘導ソフトマット上に通行を妨げる物を設置しないようにしてください。

表6　観客関連 諸施設チェック表

		諸機能	備考	クラス別対応					本編
				大規模	中規模		小規模		
					新設	既設	新設	既設	
観客関連	入退場待機スペース	待機スペース	収容人員の2〜3割が待機できるスペース	◎	◎	○	◎	○	7-1-1
			イベント空間として、電源等の確保	◎	◎	○	◎	○	
			埋め込み式バリカー等の導入	○	○	▲	○	▲	
		照明設備等	入場券売り場の手元照明	◎	◎	○	◎	○	7-1-2
			雨に濡れない屋根	◎	◎	○	◎	○	
	観客席	場内放送システム	入場前待機者用の独立場内放送システム	○	○	▲	○	▲	7-1-3
	諸機能	席数	個席	12,000	8,000	6,000	4,000	3,000	2-2-2
		飲食売店	アリーナ各所に偏りなく設置	◎	◎	○	◎	○	7-4-1
			臨時売店の設置スペース	○	○	▲	○	▲	
		トイレ	身障者用を含め、明るく衛生的なもの	○	○	▲	○	▲	7-4-3
		グッズ売店		◎	◎	○	◎	○	7-4-2
		喫煙スポット	本文参照	○	○	▲	○	▲	7-4-4
		救護室	救護室を開催規模に合わせ、適宜配置	◎	◎	○	◎	○	7-4-5
		公衆電話		◎	◎	○	◎	○	7-4-6
	場内情報提供システム	観客席への誘導システム	サイン看板	○	○	○	○	○	7-5
			大型の壁面サイン看板の設置	○	○	▲	○	▲	
			総合案内所の設置	○	○	▲	○	▲	
			緊急事態発生時の避難動線の明示	◎	◎	○	◎	○	
		場内放送システム	場内放送システムの設置	◎	◎	○	◎	○	7-6-1
		大型映像装置	得点、時間、出場メンバーを表示できるもの	◎	◎	○	◎	○	7-6-2
			動画を流すことができるもの	◎	◎	○	◎	○	
	身障者対応	車椅子席の確保	スペース、椅子席	◎	◎	○	◎	○	7-7
		動線の確保	スロープ、トイレ	◎	◎	○	◎	○	

◎は原則的に必ず設置する事項／○は設置すべき事項／▲は設置を推奨する事項

第8章
ホスピタリティ関連事項

スペシャルゲストに質の高いホスピタリティを提供することが、諸外国ではイベントマネジメントの最重要要素の一つとなっています。それはまた、アリーナの資金面からもその重要性を高めています。

大会・試合の規模によって違いがあり、現在では対応する必要のない大会・試合もありますが、ホスピタリティ関連の設備・対応を準備しておくことで、どんな大会・試合にも対応できるだけでなく、現在、対応していない大会・試合でもホスピタリティが導入され、イベントマネジメントや、アリーナの資金面に好影響を与えるはずです。

8-1 VIP・VVIPへの対応

(1) VIP・VVIP席の確保

アリーナにおけるVIPとVVIPへのもてなしは、現在、世界各国で一般的な習慣となっています。関係者は試合前に飲食を取り、試合開始後は専用の観戦エリアからプライベートに試合を楽しむことができますし、また好みに合わせて、隣接する専用席からの観戦も可能です。こうしたVIP・VVIPの確保は、アリーナにおける大会運営上の重要な収入源にもなります。

通常のVIP席の他に、招待者へ飲食などのサービスの提供を目的とした、個室タイプのスペースを設定することが望まれます。これらの他に、簡単なパーティが実施できる規模の部屋を確保することが可能であれば、なお良いでしょう。

(2) VIP・VVIP席のホスピタリティ

サイドライン側の中心で、フロアレベルから適度な高さを有した場所に位置していることが理想的です。また、この席は一般観客席と明確に分離されていなければなりません。

多くのアリーナでは、アリーナまたはホームチームのスポンサー企業のために、最高級のVIPホスピタリティ施設を最も観戦しやすい場所に用意しています。またVIP施設などの専用施設をランク分けして運営しているアリーナも多くあります。トップランクの施設には、一般に専用のVIP用駐車場とVIP入口、最高級専用ダイニングルームの他、専用のバー、冷蔵庫、テレビ、トイレなどを備えたスタンド中央に位置する観戦施設が含まれます。基本コンセプトは、ホストがゲストを適切にもてなし、ゲストに心から楽しんでもらうことができる最高のホスピタリティ施設と観戦体験を提供することです。

その他のランクでも、その料金に応じたメリットが用意されています。専用の観戦施設は利用できないかもしれませんが、ラウンジエリアに出入りでき、専用ダイニングルームでの食事も予約可能です。こうした施設の数と豪華さはアリーナの規模や性格により、大きく異なりますが、ほとんどの場合は地域の経済状況に左右されます。したがって、こうした施設のニーズについては、投資前に綿密な調査が必要です。

その他、結婚式、ディナーなどに使用できる集会場、小規模な会議に使用できる会議室、一般用レストランなどの施設をアリーナに設置すれば、イベントの開催日以外にも日常ベースの収益を確保することができます。

8-2 VIPエリアとVVIPエリア

(1) VIPエリア

①場所

メインスタンド側の中央部、フロアよりも高い場所に設置し、一般の観客席エリアとは区分します。VIPエリアは必ず、更衣室、メディア施設、管理オフィスなどにアクセスできる位置に設置してください。

②アクセス

VIPエリアには、一般入場口とは離れた場所に専用のVIP入口を設けます。入口からは、VIP受付を通って直接、観戦エリアに向かうことができます。異なる階へ移動する際には、エレベーターやエスカレーターを設置します。安全なエリアを通る代替アクセス経路も用意してください。その他、使節団やオブザーバーなどがチーム更衣室を訪れる必要のある場合に、VIPエリアからまっすぐ更衣室へ向かえるように配慮してください。

③VIP席

個別に番号の付いた、質の高い椅子席を使用し、アームレストとクッションも装備します。椅子席からはフロア全体を支障なく完全に見渡せるようにしてください。また椅子席の前後には、他のVIPの迷惑にならずに出入りできるだけの十分なレッグスペースを確保してください。

④収容人数

アリーナの規模によりますが、大規模な国際試合の開催を想定するアリーナの場合は、100席程度確保されることが必要です。試合の要求レベルに応じて、エリアを拡大できるようにしておくことが望まれます。

⑤VIPラウンジ

VIPラウンジには、VIP用の飲食スペースを用意し、VIP席のすぐ後方に設置します。要件は以下の通りです。

A VIP席から直接アクセスできること

B 対象人数に応じた、十分なトイレ（男、女用ともに）を確保すること
C エリア内、もしくは隣接した状態でパントリーを配置すること
D スペースに応じて、VIPラウンジを設置すること
E テレビ観戦できる場所を設けること
F 電話（外線／内線）を設置すること
G 空調設備を備えること
H ケータリング専用エレベーターを設置すること
I パントリーに行きやすい場所に設置すること

(2) VVIPエリア
①場所
　VIPエリアの隣
②アクセス
　VVIPのアクセス経路には、一般観客が進入することのない、セキュリティレベルの高い経路を指定してください。また、エレベーターやエスカレーターの動線を確保してください。VVIPの乗った車には、必ず警備車両を付け、メインスタンド下の専用のVVIP駐車場に直接、乗り入れてください。
③VVIP席
　各席には固有の番号を付け、ゆったりとした背もたれおよび肘掛けが設置されていなければなりません。VVIPラウンジは可動間仕切り等でVIPラウンジと区分してください。
④VVIPラウンジ
　VVIPラウンジを設置することが望まれます。VVIPラウンジは25人分の食事が提供できるダイニングルームを設置してください。ケータリング専用のエレベーターが必要となります。
⑤トイレ
　VIPエリアとは別に、VVIPエリア用のトイレが必要です。

表7　ホスピタリティ関連 諸施設チェック表

		諸機能		備考	クラス別対応					本編
					大規模	中規模		小規模		
						新設	既設	新設	既設	
ホスピタリティ関連	VVIP	VVIP室		背もたれ、肘掛のある椅子の設置	◎	◎	○	◎	○	8-1,8-2
				可動間仕切り	○	○	▲	○	▲	
				専用トイレの設置	◎	◎	◎	◎	◎	
		VVIPラウンジ		VVIPラウンジの設置	◎	○	▲	○	▲	
				ダイニングルーム（着席の飲食スペース）の設置	○	○	▲	○	▲	
		VIP室		背の高い椅子席	120席	80席	40席	40席	20席	
		VIPラウンジ		スタンディングの飲食スペース	○	○	▲	○	▲	

◎は原則的に必ず設置する事項／○は設置すべき事項／▲は設置を推奨する事項

第9章
安全管理関連事項

9-1 安全管理責任

アリーナにおける安全は、観客、選手、審判、試合関係者など施設を利用するすべての人々を対象とします。その安全を担保するための明確な体制を確立することが必要です。

(1) 安全管理のカテゴリー

安全管理の分野は、以下のような大きなカテゴリーに整理できます。
① 防犯および暴徒化対策
② 選手の安全対策
③ 防災対策（火災・震災等）
④ 緊急医療対策
⑤ テロ対策（爆弾脅迫、不審物）

以上のような安全管理のカテゴリー別に、その責任と対処方法を確立する必要があります。事が起きてからでは手遅れです。

(2) 危機管理計画の立案

さまざまな安全管理に対する責任と対処方法など下記の事項について、安全管理のルールを確立してください。
① 各安全管理のカテゴリーに対する責任の明確化
② 指示命令系統の確立
③ 危機管理のトレーニング
④ 安全監査（検査や監視する体制・システム・設備）

以上のような安全管理、危機管理に対する対処方法を明確化した危機管理計画、危機管理マニュアルの作成が必要です。

(3) ゾーン管理・動線分離

観客、チーム関係者、試合運営関係者、VIP、メディア関係者などの諸室、エリアを明確に分離し、ゾーン間の移動を絞り、移動のためのチェックを強化するようなシステムが効果的です。そのためには、それぞれの活動エリアが明確な固まりとして、管理できるような諸室配置や区画整備、チェック体制を総合的に設計、計画することが重要です。

9-2 防犯および暴徒化へのセキュリティ

(1) 自主警備

警備全体を考える時、わが国の場合は所轄警察と自主警備の2系統により体制が組織されます。試合の規模、種類、試合をとりまく状況により警備体制は異なってきますので、その都度所轄警察に相談の上、適切な警備体制を組織する必要があります。

(2) 警備本部室

アリーナ内全体を見渡すことのできる位置に、自主警備本部が確保されなければなりません。警備本部室には、場内放送システムおよび警備を目的とした場内監視用のモニターが必要となります。主催者のうち自主警備責任者には、いつでも必要なときに優先的に放送することのできる権能を付与しなければなりません。

(3) テレビ監視システム

監視用カラーテレビカメラをアリーナの内外に設置してください。アリーナへのすべての進入路とアリーナ内外のすべてのパブリックエリアを監視します。待機スペースなどアリーナ入場前に観客が滞留するアリーナ周辺もアリーナの一部として監視できるようにしてください。

テレビ監視システムには、それぞれ独立した電源と専用回線を装備します。モニターのある監視室から、アリーナ内外の写真撮影などの各種操作を行えるなど、管理・制御できるようにしてください。

不法行為の状況を記録ができる録画機能を持つことは当然、即時、状況に対応できるようモニター再生やプリントアウトできることが必要です。

9-3 フロアへの観客の乱入阻止

安全確保のためにフェンス等によって観客席とフロアが仕切られることは、決して望ましいことではありません。また、美観を損なうような障害がないほうが、より快適な環境を作り出せることに疑問の余地はありません。

しかしながら、何らかの策を講じて、観客がフロアに進入できないような状態を作り出し、試合の安全を確保する必要があります。この目的は何にも増して優先されなければなりません。

フロアへの観客の乱入を防ぐためには、訓練された警備員の配置や警察等との協力等、運営する側の対応が必要です。

9-4 防災対策

(1) 構造上の安全性

アリーナ内のすべての設備について、その安全は国、該当する自治体の定める建築基準を満たしていることが絶対条件です。

特に地震多発地域に属するわが国においては、大規模な地震を想定した上での建設計画を進めることが重要です。同時に、地震発生時の避難動線を考慮した計画を立案する必要があります。

アリーナ内の天井においても、落下や脱落によって重大な危害を生ずるおそれがないように設計の段階から検討することが必要です。

(2) 火災予防

アリーナ内の消火設備および火災予防策は、所轄消防署の規定に則ったものであり、火災予防基準（条例）に合致したものでなければなりません。

消火設備等の危険設備は、観客を含むすべての関係者の動線上もしくは付近に設置されないように留意してください。また、避難経路上には、避難の妨げとなるモノを置かないように、識別できるようなマーキングなどの工夫も必要です。

(3) 避難経路

アリーナ内の観客の動線で、緊急避難時も考慮した安全な動線を確保することが必要です。特に傾斜の急な階段の昇り降りには十分な安全配慮が求められます。

また、緊急事態の発生により、パニック状態に陥ったことを想定し、最小限の時間で、全観客を安全にアリーナから退避させるための方法を熟慮しておくことが重要です。この場合は所轄警察を含む、地域の関係機関と協議の上、合意しておくことが必要です。同時に折りに触れて、観客に緊急事態発生時の対応について、伝達しておくことも必要になります。

入場口、退場口、階段、ドア、避難経路、屋根、すべての一般エリアと専用エリア、各部屋などアリーナ内の全エリアが、警察、消防など関係当局が定める安全基準に準拠したものでなければなりません。

観客席とフロアの間は、緊急事態が発生した際に、観客席エリアからフロアへ観客が避難するのに十分な配慮をしてください。

観客席エリアの一般用通路や階段には、行き先が明確に分かるサイン看板を表示してください。観客席エリアからフロアへの通路、アリーナから外へ通じるすべての退場口も同様です。また、一般用通路、廊下、階段、ドアなどには、観客の通行を妨げる恐れのある障害物を絶対に置かないでください。

アリーナの退場口はすべて観客から見てアリーナの外側へ開くようにし、アリーナに観客がいる間は必ず解錠しておくようにしてください。不法入場および試合日以外の侵入を防ぐために、ドアには中から簡単にすぐ操作できる施錠装置を取り付けることもできます。

また、各ドアは、いたずらを防止し、緊急事態発生時に速やかに観客を避難経路に誘導するために、必ず専任の担当者を常駐させてください。

9-5 緊急医療対策

アリーナには、医師の助けが必要な観客に処置を講じる医務室（一室、あるいは複数）を設置してください。室数、規模、場所等については、地域の消防署と協議の上、決定してください。また、アリーナの各所、アクセスがしやすい場所に自動体外式除細動器（AED）を設置してください。

なお、大規模災害への対処法については、地域の関係当局とアリーナ管理者の間で協議してください。

医務室の要件は以下の通りです。

A 観客や緊急車両がアリーナの内外からアクセスしやすい場所に設置すること
B 医務室に通じるドアと通路には、担架や車椅子が通れる十分な広さを確保すること
C 明るい照明、良好な換気、暖房、空調、電源コンセント、温水・冷水および飲料水の供給、男女用トイレ等の設備を備えること
D 薬品用ガラスキャビネットを備えること
E 担架、毛布、枕、救急用具等の収納スペースを設けること
F 内線通話と外線通話が可能な電話を設置すること
G アリーナの内外に、医務室の場所を示す分かりやすいサイン看板を設置すること

安全管理者は、観客エリアを監視するとともに、アリーナ内に緊急車両がアクセスできるようにしてください。その動線は観客の動線とは別の経路を設けるか、観客の経路を遮断しないように、緊急車両を駐車できるスペースを確保してください。

9-6 その他

試合のレベルに対応したセキュリティの警戒レベルを設定し、観客がアリーナの建物に入る前に、それぞれの警戒レベルに応じた手荷物等の検査を実施する仕組みを持つことが必要です。

観客がアリーナ内に入場した後は、観客エリア間の移動を制限することが必要です。そのためには、エリア間の移動を阻む柵などの区画や移動をチェックする体制が重要です。

同様に、試合関係者、メディア関係者、VIPなどのエリアも明確に区分し、人の移動を制限することが必要です。そのためには、関係する諸室をまとめて配置し、動線を単純化し、エリア間の明確な区画や移動をチェックしやすいように設計の段階から検討することが必要です。

第10章
照明・音響と電力供給

選手、観客、放送局他関係者のニーズに適った照明システムを設置してください。周辺に光や音が漏れず、地域の迷惑とならないことも要件となります。

これからのアリーナスポーツにおいて、さらにエンターテインメントの要素は高まり、光と音と映像の融合は必然となるでしょう。また、最高のパフォーマンスは多くの人を惹きつけ魅了することでしょう。光と音が選手と観客のテンションを高め、最高の臨場感とアリーナ全体の一体感を生み、新たなスポーツゾーンに入っていくためにも、照明・音響とそれを支える電力供給システムは重要です。

10-1 電源

停電が原因で、試合を中止または延期せざるを得ない状況は許されません。

比較的電力供給が安定的であるわが国では想定しにくいですが、海外や国際イベントなどの場合、一般系電源に対する慎重な評価とともに、バックアップ電源の使用とライドスルー能力についても検討を求められる場合があります。バックアップ電源には、試合中の施設を維持できる十分な能力が必要です。その場合、系統電源をそれぞれ常時電源とバックアップ電源として使用するか、マニュアルまたは自動のタイスイッチで配電を切り替え、両系統を常時電源として使用するやり方が考えられます。系統電源に異常が発生した場合、バックアップとしてオンサイト電源がすぐに作動する必要がありますが、タイムラグは避けられません。したがって、バックアップ電源には、その作動までの数分間、照明を維持し、放送の中断を回避するためのライドスルー能力が求められます。ライドスルー能力としては、専用発電機や無停電電源装置（UPSシステム）などさまざまな方法が考えられます。なお、バックアップ電源には、停電時も最低3時間は作動できる能力が必要とされています。

ライドスルー能力は緊急時の避難ではなく、主としてイベントの継続に必要となるため、イベント用とライフセーフティシステムとの配電を分離する必要があります。また系統電源とバックアップ電源の設置に必要な設備スペースについても、その配分計画が必要です。アリーナの施設維持のためにも、ライドスルー能力を備え、配電を切り替えることができる電源設備の実現が薦められています。

10-2 設備要件

(1) 概要

照明システムの主な目的は、選手が観客を魅了できるプレーに適した光環境を提供するとともに、高画質な放送を可能にする点にあります。このためには選手から見た灯高や設置位置、照射方向、仰角等を含めて十分に検討し、観客他関係者に不快なグレアを生じさせず周辺地域に漏れ光を生じない配慮が必要です。常設照明、仮設照明、あるいは両システムの組み合わせなども検討してください。また、暗転ができるように点灯消灯がスムーズにできることや、ピンスポットライトの使用など、演出上の照明に対応できることも必要となります。

①環境
フロアとアリーナ内外の漏れ光とグレアを抑制できるよう、十分な配慮を行ってください。

②選手と関係者
選手と関係者が十分に能力を発揮でき、試合レベルが高まるような照明環境を実現する必要があります。

③観客
観客が試合、スコアボード、大型映像装置、フロア上のプレーを快適に見ることができる、グレアと漏れ光のない環境を実現する必要があります。

④メディア
強い影やグレアのない均一な照明下で、デジタル画質の試合中継と録画が実現できるように配慮してください。

(2) 照明設備の設置高さ

照明設備の設置高さはアリーナスポーツにおける照明環境にとって、最も重要な要素の一つです。競技者のパフォーマンスを引き出すとともに、観客に観やすく、最新技術に対応した放送にも適したものとすることが重要です。フロアだけでなく、競技種別による競技面の高さを十分にカバーすることが、優れたスポーツ照明システムの実現に欠かせない条件です。

図4（＝次頁）のように、フロアの中心地点から25°の角度の延長線上より上に照明器具の最下段を取り付けることが理想的です。この設置高さの要件により、最適な水平面と鉛直面の照度分布を得ることができ、選手、観客、カメラ、その他関係者にも最適な照明環境を提供することが可能です。

(3) カメラの視界

今日、カメラの性能は飛躍的に進化しており、これらを利

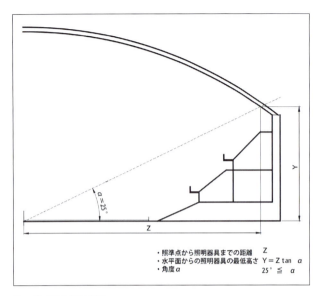

図4　投光器参考取付高さ

・照準点から照明器具までの距離　Z
・水平面からの照明器具の最低高さ　Y = Z tan α
・角度 α　　25° ≦ α

用して最高画質放送を可能にする必要があるだけでなく、状況に応じて判定にも利用されます。競技種別により要求事項は変わってきますが、カメラフレアを防ぐため直接カメラが光を捉えないようにする必要があります。

　カメラの位置や台数は、競技種別や目的によって大きく左右されます。競技中の細かな判定等には、近年スーパースローモーションカメラなどによるオフィシャルビデオ判定などが多用されるようになってきており、固定または移動カメラなども多用されています。

　臨場感あふれる放送を実現するには、さまざまなカメラポジションが考えられます。照明の仕様を検討する際は、実際に使用するカメラポジションに注意してください。高品質な映像を制作するには、各カメラに十分な明るさが提供されなければなりません。必要に応じて、しかるべきテレビ局、または照明システム会社に助言を求めてください。

　照明システムの主な目的は、フロア全体に均一な照明環境を実現することにあります。それに加えて、固定カメラと移動（ハンディ）カメラにも、デジタル画質を可能とする、ムラのない均一な明るさが提供されなければなりません。

(4) グレアレート（GR）コントロール（選手とカメラが見る位置）

　最も重要な設計要件は、選手、観客、関係者や、メディアにグレアのない環境を実現することです。また、バスケットボール、バレーボール、フットサルなどの競技においては、エンドライン側に照明があると、プレーに支障をきたす可能性があります。サイドライン側も同じように低い位置に照明があると、プレーに支障をきたす可能性があります。

　グレアレート（GR）とはフロアやその周辺にいる人々が、設置された照明器具による眩しさから不快さを感じる度合いのことをいいます。グレアの評価値は「0」から「100」の範囲で表し、「0」は「気にならない」、「100」は「耐えられない」という基準で表現されます。各競技レベルによって適切な基準値を満たす照明環境が必要となります。国際大会レベルでは「GR＜40」という評価値が望まれます。

(5) シャドウコントロール（マルチゾーン照明）

　フロアにできる強い影は、高精細なデジタル化画質を追求するメディアにとって最大の問題点の一つとなっています。マルチゾーン照明とは、フロアの同一の場所を複数の光源から照らす方法をいいます。各方向から照らすことで、フロアにできる選手の強い影をやわらげることができます。

　この照明手法により、選手の影をやわらげることはできますが、競技種別によって、選手にとって見えなければならない対象競技者や競技に使用するボールなどの動きを明確に捉えるための鉛直面照度も考慮する必要があります。

　ハイビジョン撮影を可能にするためには、フロア内の影を軽減することが必要不可欠です。照明環境をデザインする際はマルチゾーン照明を実現するために、競技種別により図5のような16ブロック以上の照明システムが推奨されています。

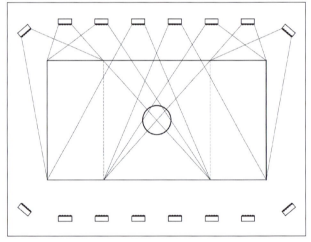

図5　参考マルチゾーン照明環境

10-3 照明の設計仕様と技術

　スポーツアリーナには、競技者が最高のパフォーマンスを発揮でき、観客を魅了する光空間が求められます。また、時代に応じた高精細なデジタル画質放送に適した照明が求められ、その最適な光空間を創出するには、前述の条件を満たす照明設計を行うことが重要です。それらの技術を駆使できる世界水準技術の導入が求められます。したがって、専門家による適切な指導を受けて設計してください。

(1) 照度

　最低でも1,500ルクス以上の照度を持つ照明設備を設置しなくてはなりません。競技によっては2,000ルクス以上の照度を求められる大会（バスケットボールの国際レベル1大会等）

もありますので、2,000ルクス以上の照度が望ましい照度です。照度は、アリーナの使途（国内大会・世界大会等)により、JIS Z 9127「スポーツ照明基準」、各種スポーツ団体規格、国際団体規格による照度を適切に適用すべきです。

照度は各カメラ位置に対する鉛直面照度を、競技種別により重視すべきですが、性質が異なりますので水平面照度と鉛直面照度は、別項目として扱うべきです。

たとえばJISの照度基準は、水平面で分類されていますが、競技者が対峙する選手やボール等を正確に捉えなければならないため、飛翔成分の多い球技等では特に、一定レベルの鉛直面照度を考慮する必要があります。

また、選手、観客の視界を向上させるには、照度のばらつきを少なくし、均斉度を上げることも重要な要素となります。

水平面照度とは、フロアから1mの高さの水平面に届く光の量（照度）のことをいいます。フロアを5m×5mや10m×10m等のコートに合わせた適切なグリッドに分割し、各所の照度を計測します。

鉛直面照度とは、選手を囲む鉛直面に届く光の量（照度）のことをいいます。鉛直方向に対する照明のおかげで、選手の顔や試合中のプレーなどの細かな動きを確認することができます。これらの画像は、手持ちタイプと可動タイプを含めたフロアカメラが捉えます。鉛直面照度にムラが生じると、デジタル画像の悪化につながります。したがって、照明システムには、フロアカメラに対して均一な照度を実現できる設計が求められます。

また、固定カメラに対する鉛直面照度についても同様です。メインスタンドとバックスタンド、エンドライン裏の各カメラが捉える、コート上の鉛直方向の照明の明るさを、固定カメラに対する鉛直面照度と呼びます。コートをパンするこれらのカメラは、試合中にコート全体を映し出す必要があります。鉛直面照度にムラが生じないように、照明システムには、固定カメラに対しも均一な照度を実現できる設計が求められます。

均斉度とは、被照面における照度の比率を示し、具体的には照度の最小値／平均値（平均値分の最小値）と最小値／最大値（最大値分の最小値）が使用され、求められた値が1に近いほどムラのない照明環境であると言えます。

また、アリーナスポーツは限られた空間でスピードを要求されるスポーツです。コート全体に均一な照明環境を実現することで、選手のパフォーマンスが向上するとともに、より鮮明な映像による臨場感あふれる放送が可能となります。

(2) 色温度と演色性

色温度は、一定タイプの照明がどの程度、暖かく（赤っぽく）見えるか、冷たく（青っぽく）見えるかを表します。単位には「ケルビン（Tk）」を使用します。最新のデジタルカメラ技術であれば、必要に応じて、画像の色やコントラストを好ましい状態に調整することができます。

また、平均演色性評価数（Ra）とは、人工光源が自然の色を忠実に再現できるかどうかを表す指標です。これは、Ra20～Ra100の実用的なスケールで表され、演色性が高ければ高いほど、色の再現性が優れていることになります。人工照明システムの演色性は、テレビ放送試合、未放送試合を問わず、Ra≧65が求められます。

10-4 環境への配慮

光害と障害光は主に、漏れ光とグレアに分類されます。漏れ光とは、アリーナから漏れ、その周辺地域に照射される光のことをいいます。グレアとは、アリーナ外の歩行者や運転者の障害となる眩しすぎる明るさのことをいいます。こうした障害は、アリーナ周辺地域の夜空を明るく照らし、住民の健康と生活に大きな影響を与えることになります。アリーナ内外の漏れ光とグレアを防ぐために、最大限の努力を尽くしてください。最新アリーナの設計にあたっては、テレビ放送試合も考慮し、漏れ光やグレアを抑えるために、シャープカットオフ反射板や高性能反射板の使用を検討してください。

10-5 音響

アリーナはコミュニティの中心として役割を果たす際に、スポーツイベントだけでなく、音楽イベントや集会等など多目的な使用が想定されます。

その際に、アリーナ内での建築音響についても音楽イベントでの使用に耐える設計とすることが望ましいだけでなく、アリーナ外への音漏れが生じないような遮音・防音設計が必要です。

アリーナ競技は室内で行うことを前提としているため窓からの太陽光線を排除する前提で行われます。

換気は十分に行われなくてはなりませんが、大きな窓の設置等は漏れ光や音漏れを生じる可能性がないように注意して設計する必要があります。

表8　安全管理関連 諸施設チェック表

		諸機能	備考	クラス別対応					本編
				大規模	中規模		小規模		
					新設	既設	新設	既設	
安全管理関連	警備	警備本部室	アリーナ内全体を見渡せる位置	◎	◎	○	◎	○	9-2-2
			場内監視用モニターの設置	◎	◎	○	◎	○	
		警備控室・警察・消防控室	設置	◎	◎	○	◎	○	
			観客席全体が見渡せること	○	○	▲	○	▲	
		テレビ監視システム	アリーナの内外に設置	○	○	▲	○	▲	9-2-3
			録画、モニター再生、プリントアウト機能	○	○	▲	○	▲	
	観客	警備員の配置	訓練された警備員の配置	◎	◎	○	◎	○	9-3
			下記対策と合わせて実施	○	○	▲	○	▲	
		柵等		◎	◎	○	◎	○	9-4-3
	防災	避難経路	消防など関係当局が定める安全基準に準拠	◎	◎	○	◎	○	
			十分な数の緊急避難口の設置	◎	◎	○	◎	○	
			サイン看板の表示	◎	◎	○	◎	○	
		医務室（一般・選手）	室数、規模、場所等は適宜	◎	◎	○	◎	○	9-5
			自動体外式除細動器（AED）設置	◎	◎	○	◎	○	
	テロ	セキュリティチェック	手荷物検査体制	◎	◎	○	◎	○	9-6
			観客エリア間の移動制限	◎	◎	○	◎	○	
			試合関係者エリアへの移動制限	◎	◎	○	◎	○	

◎は原則的に必ず設置する事項／○は設置すべき事項／▲は設置を推奨する事項

表9　照明・電力 諸施設チェック表

	諸機能	備考	クラス別対応					本編
			大規模	中規模		小規模		
				新設	既設	新設	既設	
照明・電力	照明設備	フロア照明＝2000ルクス以上	◎	◎	○	◎	○	10-3
	非常用電源		○	○	○	○	○	10-1

◎は原則的に必ず設置する事項／○は設置すべき事項／▲は設置を推奨する事項

Chapter 2
理想のアリーナ／体育館を考える

理想のアリーナを求めて
理事　花内 誠

　2013年に（一社）アリーナスポーツ協議会を設立し、はや3年の月日を経ました。
設立当初より、「理想のアリーナとは？」と言う問いかけに対して、さまざまな形で答えてきました。
（一社）アリーナスポーツ協議会として、最初に説明したものが、「理想のアリーナ／体育館を考える」（2013年）です。
ここでは、理想のフロアサイズ、2階可動席の提案、電動可動席による短時間での場面転換、
さらにはアリーナスポーツ年間観客数1,000万人を目指すなど、その後の活動の中心となる考え方が既に表れています。

理想のアリーナ／体育館を考える

1 利用者みんなが幸せになるアリーナ／体育館の整備

　戦後の国民体育大会や1964年の東京オリンピックをきっかけにスポーツが盛んになり、全国にアリーナ／体育館が整備されてきました。40年が経過し、耐用年数や、耐震基準の問題から多くの建物が建て替えのタイミングを迎え、50〜80カ所、新設あるいは建て替えの計画があるといわれています。

　アリーナ／体育館を観客席数の規模別に考えてみますと、1万2,000〜1万5,000席以上の観客席を備え世界大会の決勝が開催可能な大規模アリーナ、8,000席程度の観客席を備え国際大会や国内大会の決勝が開催可能な中規模アリーナ、4,000席程度の観客席を備えVリーグ・Fリーグ・bjリーグあるいはWJBLといった国内トップレベルスポーツの本拠地として使用できる小規模アリーナ、2,000席以下でスポーツを「観る」ことよりもスポーツを「する」ために重きをおいた体育館に分類できます。

　残念なことに、何十億も資金が投入され新築された最新鋭のアリーナ／体育館がトップレベルスポーツの試合運営には利用しにくい、さらには利用できないケースもみられます。

　たとえば、観客席数でいえばVリーグ・Fリーグ・bjリーグが希望する観客席数が2,000〜3,500席以上にもかかわらず、新築されたアリーナ／体育館が、1,500席程度のために、これらトップレベルのリーグの開催基準を満たしていないケースが多くみられます。

　また、観客席数があってもプレーエリアから遠く離れた2階に観客席があるだけで、間近でプレーを観ることができないだけでなく、ぽっかりと空いた空間が雰囲気をしらけさせるアリーナ／体育館も多く存在します。

　空いた空間には「仮設スタンド」を組んで「仮設席」を設置することが可能ですが、設置、撤去の費用は莫大で、運営団体の収益を圧迫する要因となっています。つまり、「仮設席」ではなく、常設の「可動席」を設置しておく必要があります。

　Jリーグが「スタジアム検査要項」を作り、その後、JFAが『スタジアム標準』を作ったことで、Jリーグの試合運営が可能なサッカー場や陸上競技場の整備が日本中で進みました。しかし屋内競技では同じような「アリーナ標準」が存在しないために、わが国のアリーナ／体育館は、それぞれの建設団体（主に自治体）の個別のヒアリング、さらに建設費最優先の判断による設計が行われ、必ずしも選手、観客、そして運営側にとって幸せなアリーナ／体育館とはなっていないと考えています。アリーナスポーツ協議会では、アリーナ／体育館利用の各競技団体の要望を最大公約数としてまとめることで、観客を含めた利用者みんなが幸せになる日本の「アリーナ標準」を示し、日本のアリーナスポーツ環境の充実向上を図ってまいります。

2 トップレベルのスポーツを観戦することによる草の根のスポーツ振興

　日本のアリーナ／体育館を利用者すべてが幸せになるものにすることを訴える理由の一つとして、戦後からこれまで「トップレベルスポーツの利用ではなく、（一般の）市民利用を促進したい」という考えを限られた財源のなかで優先的に選択してきた結果、市民がスポーツを「する」幸せは実感できても、スポーツを「観て」楽しむ豊かな生活には対応できていなかったことが挙げられます。

　より多くの人が生涯にわたってスポーツを楽しむ社会をつくるために、スポーツを「観る」楽しさを充実させることが必要です。そもそもスポーツを「する」楽しみも学校体育や部活動で身につけていくだけではなく、「スポーツを観戦した」経験が「する」楽しみへとつながり、より深いスポーツ体験へといざなうのではないでしょうか。多くの人が、スポーツをアリーナ／体育館やテレビで観たあとで、そのスポーツを「始めたい」と思うことがあるのではないかと思います。

　実際、Jリーグができてから、サッカーのトップレベルのプレーを観る機会が飛躍的に増え、サッカーへの関心の高まりから日本のサッカー競技者は年々増加し、ついには、野球の競技者数とほぼ同じになりました。

　「トップレベルのスポーツ」を身近で観られる環境が、「健康のための」スポーツをする人を増やす要因にもなるのです。アリーナスポーツは、トップレベルスポーツのチーム運営費用が数億円レベルであり、数十億円といわれるJリーグ、100億円を超えるチームもあるプロ野球に比べるとリスクが低いビジネスですし、小規模なコミュニティでも運営可能なスポーツといえます。言いかえれば、プロ野球やJリーグのクラブを抱えることの難しい人口の少ない地方都市や、大都市エリアでも「区」や「市」といったより小規模なエリアで「おらがチーム」をもち、「観るスポーツ」を提供し、コミュニティの拠点とすることが可能です。

　アリーナスポーツ協議会では、日本全国に3,000〜5,000の観客席を持つ小規模・中規模のアリーナを作ることで、多くの人がトップレベルのスポーツを身近に観戦し、そして豊かな草の根のスポーツ活動を振興していきたいと考えています。

3 スポーツ幸福指数

表1は、2012シーズン（秋春制のリーグは'11-'12シーズン）における観客数を人口で割ったものです。この「観客数／人口」を「スポーツ幸福指数」としました。なぜなら、「スポーツを観る」という行為は、経済的、精神的余裕があり、かつスタジアムやアリーナといった社会資本も充実して、初めてできることであり、その状態はスポーツを通じて「幸福」な状態であると推測されるからです。

この「スポーツ幸福指数」を国別、地域別で見ていくと大変興味深い結果が出るのですが、ここではその中で、日本とアメリカにおける種目別の「スポーツ幸福指数」の違いについて注目しました。そのスポーツが行われる「場」について考えると、「野球＝野球場」、「サッカー・アメリカンフットボール＝スタジアム」、「バスケットボール・アイスホッケー・バレーボール等＝アリーナ／体育館」として比較してみました（表2）。「野球場」、「スタジアム」におけるスポーツ幸福指数は、日本はアメリカより低いものの、ほぼ同程度の割合であるのに対して、「アリーナ／体育館」におけるスポーツ幸福指数は、日本がアメリカに比べて著しく低いという結果です。

野球・サッカー・アメリカンフットボールがほぼ同じ割合であるために「スポーツへの興味＝観戦意向」に大きな差があるとは考えにくく、この差は、日本とアメリカにおける社会資本の差＝「アリーナ／体育館」の整備状況の差であると考えられます。

日本でも、アメリカと同レベルの「アリーナ」が整備されれば、野球・サッカー・フットボール同様に、アリーナスポーツが多くの観客を集めることが可能なのではないでしょうか。日本が、アリーナ／体育館の競技においてもアメリカや世界と並ぶスポーツ幸福国になるためには、トップレベルのスポーツと市民の草の根のスポーツをつなぐスポーツ観客数を増やすことがポイントと考えます。

4-1 理想のフロアサイズ

それでは、理想のアリーナ／体育館とは、どういったものなのでしょうか。

わが国における「体育館」の設置基準は、文科省の「整備基準」＝日常生活圏域における体育・スポーツ施設の整備基準（1972）＜体育・スポーツの普及に関する基本方針について＞(保健体育審議会昭和47年度答申)や1989年11月に「21世紀に向けたスポーツの振興方策について」の答申があります。

そこでは、都道府県・市町村がスポーツ施設の計画的な整備を図るにあたっての参考となる指針として

A 地域施設-地域体育館：床面積720㎡程度
B 市区町村域施設-総合体育館：床面積3,000㎡以上
C 都道府県域施設-総合的な競技施設：公式競技ができる

とされています。

また、国民体育大会の施設基準では、種目に応じてフロアサイズが決められていますが、バスケットボール、バレーボール、体操、バドミントン、卓球、ハンドボール等の各種目の会場基準をすべて満たすサイズは、ハンドボール1面の場合は、長辺50m×短辺38m、ハンドボール2面の場合は、60m×46mになります。将来的に国体の会場としても稼働させたいと考える場合は、最低でもこのフロアサイズが必要とされます。

市区町村域施設の総合体育館であれば、床面積3,000㎡以上とするために、840～1,000㎡程度のサブアリーナを用意することが求められます。

表1 日本のスポーツ観客数／人口比（日本の人口126,659,683人として算出）

		観客数	人口比
プロ野球	セリーグ	11,790,536	9.31%
	パリーグ	9,579,690	7.56%
	計	21,370,226	16.87%
サッカー	J1	5,375,300	4.24%
	J2	2,681,881	2.12%
	計	8,057,181	6.36%
bjリーグ		764,712	0.60%
Vリーグ		419,368	0.33%
Fリーグ		231,355	0.18%
スポーツ合計		30,842,842	24.35%

表2 メジャースポーツ年鑑観客数比較

	日本	米国
人口	1.2億人	3.1億人
野球場	17.5%（約2,100万人）	24.1%（約7,500万人）
スタジアム	6.7%（約800万人）	7.4%（約2,300万人）
アリーナ	1.5%（約180万人）	13.5%（約4,200万人）

4-2 理想のフロアサイズに見合う観客席

それでは、それらのフロアサイズに見合う観客席は、どのようなものでしょうか。

残念なことに、これらのサイズのアリーナ／体育館において、観客席がすべて2階以上にあり、フロア面の観客席は移動式椅子のみで、広大な空きスペースが存在するまま大会を運営するケースが多くみられます。これでは、観客は、はるか離れた2階席から、広大な空きスペースの向こう側でプレーしている試合を観ることになり、「スポーツを観る」環境が整備されているとは言い難い状況です。

可動式観客席は、普段「スポーツをする」体育館が、「スポーツを観る」アリーナに変身するためには、必要不可欠です。「スポーツをする」ための環境を整えることも重要ですが、同じように「スポーツを観る」ための環境を整えることが必要なはずです。

60m×46mであれば、コートの四方に可動式観客席（ロールバックチェア）を配置することが可能です（図1）。

図2は、長辺50m×短辺38mにおける可動式観客席の設置位置例です。同じく図3は同じフロアサイズで、バスケットボールならびにバレーボールコートを縦置きにした場合の可動式観客席の設置位置例です。通常は、図2の設置が一般的ですが、図3のほうが、可動式観客席の設置数を多くすることができます。

可動式観客席の段差は、20～25cmが標準です。可動式観客席が、体育館フロア面だけでなく、2階からもアクセス可能なものにするためには、2階フロア面が一般的な3mの高さを持つとすると、10～12段の観客席の段数が必要であるため、図1の設置方式ですと、サイドライン沿いの観客席の段数が不足し、2階からのアクセスができません。2階からのアクセスを可能にするためには、片側に寄せる（図2B）工夫や、段差を40cm程度とする特注仕様の可動式観客席が必要になります。

図3の問題は、バスケットボール、バレーボールの会場としては可動観客席の最大化を図ること ができますが、コートを縦置きにできないハンドボール、フットサルの会場としては観客席の設定 がうまくできないという点にあります。

いずれにしましても、現在可動式観客席を持たない体育館でも可動式観客席を備えることで、1,000～1,500席程度の観客席をフロア面に作ることができ、2階、3階の客席とあわせて3,000席以上の観客席を用意することができます。

4-3 可動式観客席の可能性

4-2では、フロア面での可動席の配置を考えましたが、2階以上で観客席の設置を考える必要があります。階上の観客席から、手前のエンドライン、サイドラインが見えるためには、前の座席に遮られない高さと距離（傾斜）が必要になります。

図1、図2であれば、各方向に十分な距離と高さを取ることが可能ですから、どちら方向にも観客席を作ることが可能

図1
アリーナサイズ：長辺60m×短辺46m
バスケットボール1面：ヨコ
総席数：2160席
2階からのアクセス：あり

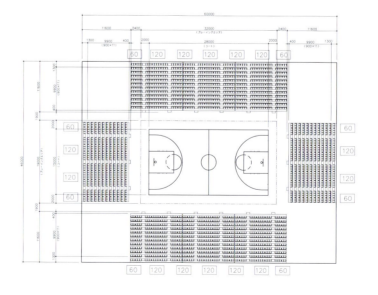

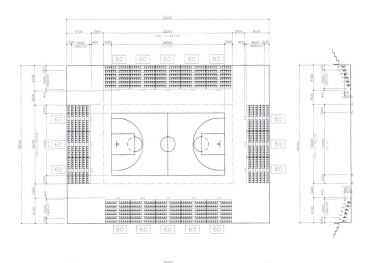

図2
アリーナサイズ：長辺50m×短辺38m
バレーボール1面：ヨコ
総席数：960席
2階からのアクセス：なし

図3
アリーナサイズ：長辺50m×短辺38m
バレーボール1面：タテ
総席数：1440席
2階からのアクセス：あり

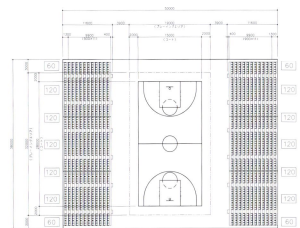

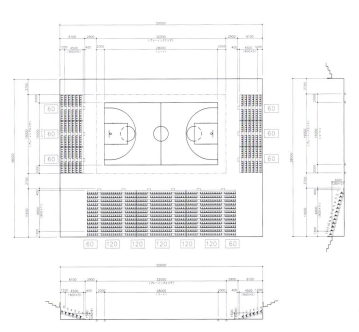

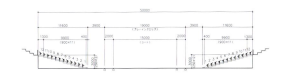

図2B
アリーナサイズ：長辺50m×短辺38m
バスケットボール1面：ヨコ
総席数：1080席
2階からのアクセス：あり（長辺方向のみ）

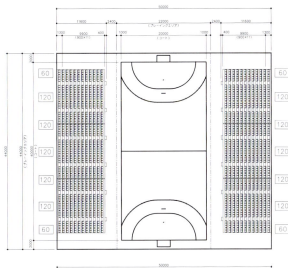

図3B
アリーナサイズ：長辺50m×短辺44m
フットサル1面：タテ
総席数：1440席
2階からのアクセス：あり

図3の場合は、エンドライン方向に距離が取れませんから、長辺方向に観客席は作れません。しかしながら、冒頭に述べましたように、必要な観客席数は3,000～5,000席ですから、2階に必要とされる観客席数はフロア面に可動席が1,500席取れるのであれば、2階でも、短辺方向に750席ずつの観客席があれば良いので、比較的簡単に設置可能です。

約5,000席程度のアリーナを想定した際に、競技スペースとしてのフロア面積が3,000㎡程度を考えるのであれば、図1に設定し、競技スペースとしてのフロア面積が2,000㎡であれば、図3（または図3B）を想定できます。ここでは、簡単な設置概念を提示しているだけですが、今後、建築会社や設計会社が工夫を凝らした設計をしていただけるようにお願いをしてまいります。

ところで、2階以上の観客席を「固定席」とすることは、「スポーツを観る」ことに関して言えば、メリットがあります。しかし、普段は「スポーツをする」時々「スポーツを観る」という施設においては、観客席を固定するメリットはありません。

2階以上の観客席についても、可動式観客席の設置を検討することをお薦めします。特に、最新型の可動式観客席では、可動方向が逆のタイプもあり、普段は、可動式観客席を仕切り壁として利用し、2階のスペースを有効活用しているケースもあるようです。

可動式観客席を据え置き電動タイプにすることで、観客席の設置時間を短縮し、「スポーツをする」ことと「スポーツを観る」ことが両立できるようにすることも必要です。従来の可動式観客席は、普段は倉庫に収納し、前日からイベント・試合開催時には、市民の一般利用ができないなどの制約がかかります。

これを据え置き電動タイプにすることで、設置時間が大幅に短縮され、夜のイベント・試合開催時にも、午後2時から3時くらいまで体育館の一般利用が可能となります。

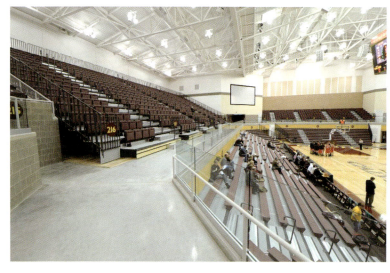

Calvin Collegeの2階席
観客席使用

Calvin College
可動式観客席が仕切り壁となっている

5 スポーツを「する」体育館とスポーツを「観る」アリーナ

「スポーツをする」ことと「スポーツを観る」ことを両立させ、トップレベルのスポーツ観戦を 草の根のスポーツの振興につなげていき、観客を含めた利用者みんなが幸せになるアリーナ／体育館を整えることは、これからのわが国にとって必要不可欠な考え方であり、わが国の工業技術をもってすれば達成不可能なことではありません。

このように、「するスポーツ」と「観るスポーツ」が両立するアリーナ／体育館が日本に数多く存在することになった時、アリーナスポーツの観客数は飛躍的に増加し、スポーツ幸福指数の高い、活力あふれる社会が実現すると考えております。

アリーナスポーツの観客数は、

「1試合あたり平均観客数」
×
「年間開催試合数」
×
「アリーナ／体育館の数」

と考えられます。

- 1試合あたり平均観客数：2,000〜2,500人
  bjリーグ、Fリーグ等のチーム経営状況から推測するに、1試合あたりの平均観客数が2,000人を超えると安定したチーム経営が可能と言われています。
- 年間開催試合数：50〜100試合
  各リーグの年間ホームゲーム開催数は、20〜30試合ですから、アリーナ／体育館を本拠地とするチームが2〜4チームで、年間50〜100試合のホームゲーム開催が可能です。
- 3,000人を収容する国内アリーナ数：50〜100カ所
  1試合平均観客数2,000人以上を可能にするためには3,000人以上の小規模アリーナが必要です。全国の政令指定都市・中核市・特例市のうち50〜100カ所が小規模アリーナを所有し、アリーナスポーツを運営することによって、日本全体でのアリーナスポーツ全体の観客数は、

「1試合あたり平均観客数」
2,000〜2,500人
×
「年間開催試合数」
50〜100試合
×
「アリーナ／体育館の数」
50〜100カ所
＝
500万人〜2,500万人

となります。

（一社）アリーナスポーツ協議会は「アリーナ標準」策定を通じ、アリーナスポーツ環境の整備を推進し、年間観客数1,000万人を目標として活動してまいります。

6 理想のアリーナ／体育館 モデルプランの紹介

理想のフロアサイズを備えて、「する」、「観る」、「ささえる」が好循環する「アリーナ」を理想として活動を始めたものの、現実には、多くの自治体で「バスケットボール4面体育館」が建て続けられています。自治体のアリーナスポーツを「観る」環境の整備は進まず、結果的に「する」、「観る」、「支える」の好循環を促す施設はなかなか現れませんでした。

そこで、（一社）アリーナスポーツ協議会の会員社である㈱山下設計とともに、バスケットボールコート4面の設置方法を工夫し、「する」、「観る」、「支える」の好循環を狙ったプラン「YF4」を考えました。

同様に、会員社の㈱アーキボックスからは、2階席をロールバックにして1階と2階で4〜6面のバスケットボールコートが設置可能なプランをご提案いただきました。

次頁から、両プランを紹介いたします。

Chapter 2

YF4

> ≫ **YF4とは…**
> 『YF4』は、日常的市民利用「する」とプロ級・国際級の本格的競技利用「観る」の両立と音楽イベント等にも転用しやすいコンパクトなアリーナ実現を目指したモデルプランです。

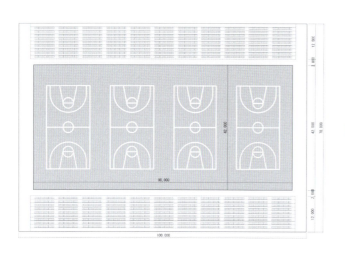 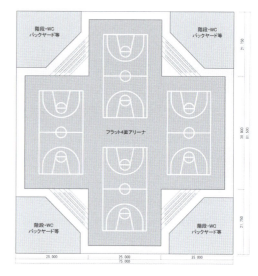

バスケットボールコート並列4面
市民利用の場合
（アリーナ面積　90m×42m＝3,780㎡）

モデルプラン
バスケットボールコート4面アリーナ

モデルプラン使用例1　「する」- 日常の市民利用

【多様な市民利用への対応】
可動間仕切り等により、市民が使いやすいスペースをつくることができます。

自治体等の地域のニーズに合わせ、各種競技に転用できる多目的空間

モデルプラン使用例2　「観る」- プロリーグ戦など

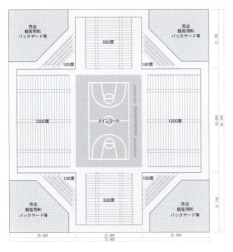

選手と観客の一体感や臨場感が生まれる／観客動線と選手動線、スタッフ動線の分離が図りやすい

プロスポーツやコンサートイベントに合わせられる多目的空間

モデルプラン使用例3　コンサート

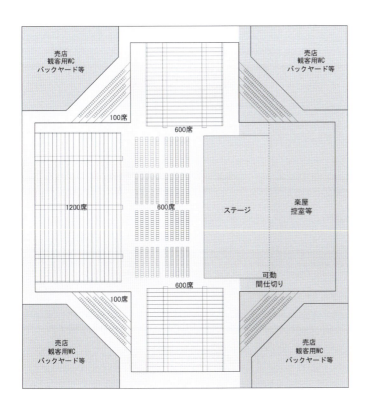

【コンサート等イベントへの多様な展開】
客席やステージの空間と楽屋などのバックヤードを設定して、約3,000人収容のコンサート会場となります。

当資料は、2014年6月11日のアリーナスポーツ協議会総会でのプレゼンテーション用に作成され、使用された「次世代フラット4面アリーナ（YF4）のご提案」をもとに、多目的利用について例示したものです。特定の条件下での施設計画内容や設計図ではありません。

アーキボックス

> ≫ **アーキボックスのプラン**
> 2階席をロールバックにして1階と2階で4～6面のバスケットボールコートが設置可能

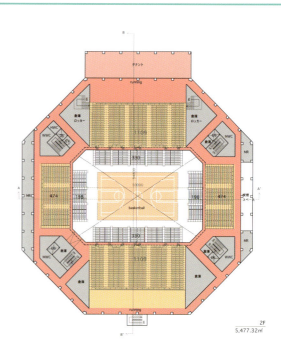

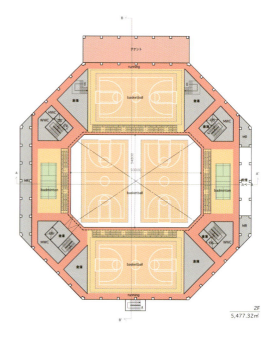

　2016年にはB.LEAGUEも開幕しますし、スタジアム・アリーナ官民連携協議会もはじまり、3年前には一顧だにされなかったアリーナに関して、にわかに慌ただしくなってきました。これを機に、「する」、「観る」、「支える」が好循環する施設整備が進み、アリーナスポーツ観戦者が1,000万人を超える日が来ることを願っています。

　その日まで、会員社の皆さんとアリーナスポーツの発展をともに考えていきたいと思います。

付属資料

資料1

第1回 アリーナスポーツトップ選手アンケート
選手が評価するアリーナ
2014年6月発表

調査概要	
【調査対象】	加盟4団体（Vリーグ、Fリーグ、WJBL、bjリーグ）の全チーム（80チーム）全選手（1,258選手） ※選手数は各リーグのメディアガイド等による数とした
【調査期間】	2014年3月〜4月
【調査方法】	チームごとにアンケートを郵送し、回収
【回答数】	1,258選手中655選手、80チーム中49チームが回答

Q1

'13−'14シーズン、プレーしたアリーナの中で一番プレーしやすいアリーナはどこですか？

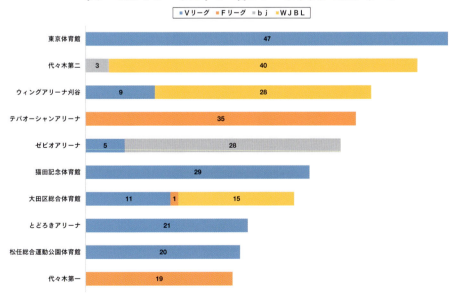

今シーズンプレーした中で一番プレーしやすかったアリーナ

凡例：Vリーグ／Fリーグ／bj／WJBL

東京体育館	47（Vリーグ）
代々木第二	3（Vリーグ）／40（WJBL）
ウィングアリーナ刈谷	9（Vリーグ）／28（WJBL）
テバオーシャンアリーナ	35（Fリーグ）
ゼビオアリーナ	5（Vリーグ）／28（bj）
猫田記念体育館	29（Vリーグ）
大田区総合体育館	11（Vリーグ）／1（Fリーグ）／15（WJBL）
とどろきアリーナ	21（Vリーグ）
松任総合運動公園体育館	20（Vリーグ）
代々木第一	19（Fリーグ）

トップ選手から最も票を集めたのは東京体育館（複合施設としては国立代々木競技場）

Q2
Q1の理由を教えてください。

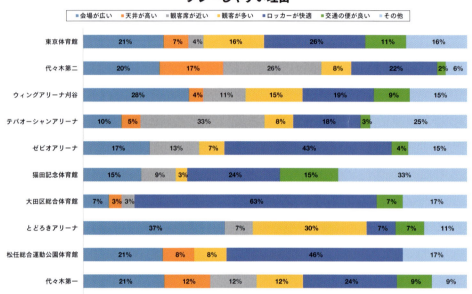

テバオーシャンアリーナは観客関連の評価が高い／大田区総合体育館はロッカーが快適

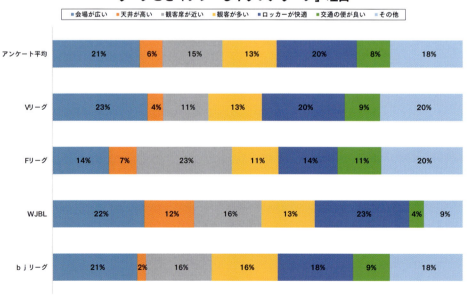

Q3
今までプレーした日本国内のアリーナの中で一番好きなアリーナはどこですか？

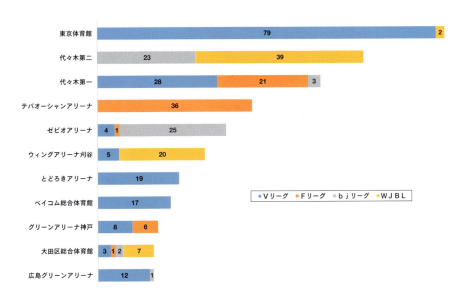

4リーグ全体で最も得票数が多かったアリーナは東京体育館（単独施設）・代々木体育館（複合施設）

Q4
Q3の理由を教えてください。

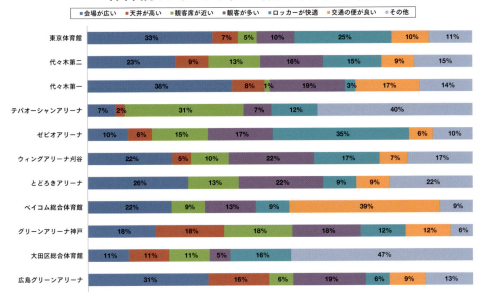

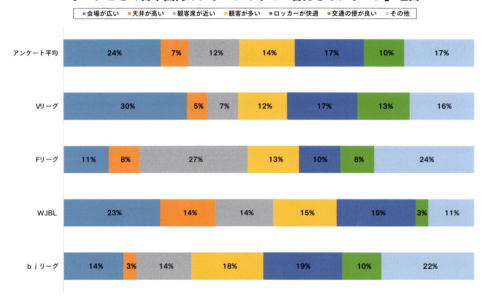

Q5
今後のアリーナに望むことを教えてください。

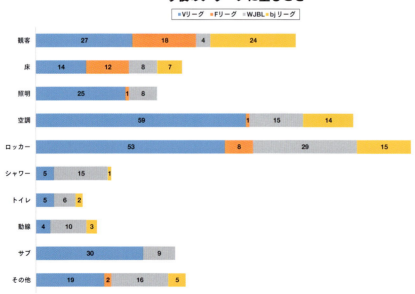

資料2

第1回アリーナオブザイヤー
ウィングアリーナ刈谷

第1回アリーナオブザイヤーは、「選手アンケート上位のアリーナ」の中から、「築15年以内」のアリーナを候補に、アリーナスポーツ協議会の会員、理事がそれぞれ1票を持って投票した。その結果、「ウィングアリーナ刈谷」が選出された。

ウィングアリーナ刈谷は、バレーボール、バスケットボールの会場として利用されており、両種目の選手、マネジャーから高い評価を受けている。

ロールバック席を持ち、観戦しやすい環境と、市民利用がしやすい体育館としての環境の両方を兼ね備えた施設で、小規模アリーナの良い例である。

なお、次点として「テバオーシャンアリーナ」、「ゼビオアリーナ」の2つのアリーナが選ばれた。

施設DATA
ウィングアリーナ刈谷
所在地／愛知県刈谷市築地町荒田1　竣工年／2007年　施設の構造／鉄筋コンクリート（鉄骨）造2階建て　主な施設／メインアリーナ、サブアリーナ、卓球場、トレーニングルーム、フィットネススタジオ、大会議室、プールなど

第2回アリーナオブザイヤー
東京体育館

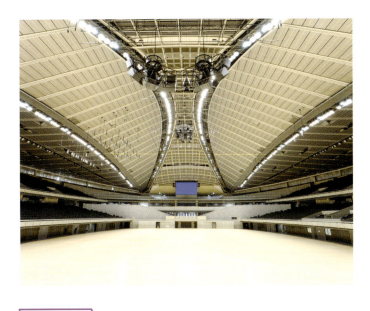

第2回アリーナオブザイヤーは、「選手アンケート上位のアリーナ」の中から、アリーナスポーツ協議会の会員、理事がそれぞれ1票を持って投票し「東京体育館」が選ばれた。

前年の第1回目には、「築15年以内」という条件があったが、「本来評価されているアリーナが選ばれないのはおかしい」という意見が競技団体会員からあり、この条件は削除された。

また、候補アリーナは「投票前に視察した上で投票したい」という意見があり、「東京体育館」、「テバオーシャンアリーナ」、「ゼビオアリーナ」の3施設を候補として、事前に視察ツアーを行い、その後、会員総会で投票を行った。

東京体育館は、Vリーグのファイナルの会場として使われる他、さまざまなスポーツやイベントで利用される、日本でも有数の利用率の高い施設である。

ロールバックはないものの、専用の仮設席を持ち、1万人以上の観客席を有する大規模アリーナとしては、駅近の利便性や、貴賓室、会議室、更衣室等の諸設備が充実しており、選手、関係者や観客の導線の分離等、アリーナオブザイヤーにふさわしい施設である。

施設DATA
東京体育館
所在地／東京都渋谷区千駄ヶ谷1-17-1　竣工年／1990年　施設の構造／鉄骨造、鉄骨・鉄筋コンクリート造地上3階・地下2階　主な施設／メインアリーナ、サブアリーナ、会議室、屋内プール、トレーニングルーム、スタジオなど

アリーナ・ホール一覧

「アリーナリストはないのか？」と各方面から問い合わせがありましたが、現在、その問い合わせを満たすものがありません。そこで今回、アリーナスポーツ協議会が独自で調査したリストを掲載いたします。ただし、このリストはあくまでも日本全国の主なアリーナ体育館の傾向を調べる目的で調査したものであるため、利用を目的として調査は行っておりません。よって、このリストは当協議会が独自調査で作成した不完全なものであるため、実際とは異なる場合があり、当協議会が保証するものではありません。ご了承ください。ご利用の際には、必ず各施設にお問い合わせの上、ご確認ください。

県名	会場名	種別	収容人数	座席数	プロ興行 使用料金	アマチュア 使用料金
北海道	北海道立総合体育センター(きたえーる)	GA	10,000	5,964	3,756,000	512,000
青森	青い森アリーナ(マエダアリーナ)	TG	5,371	5,348	スポーツ以外営利 1,488,000 スポーツ営利 1,257,720	スポーツ以外非営利 137,520 スポーツ非営利 61,440
岩手	盛岡市アイスアリーナ(盛岡タカヤアリーナ)	TG	3,098	3,098		53,500
岩手	岩手県営体育館	TG	1,625		456,458 ※土、日、祝日、12月29〜31日、1月2、3日は2割プラス	60,876
宮城	宮城県総合運動公園総合体育館(セキスイハイムスーパーアリーナ)	TG	7,063	7,039	2,606,688	325,728
宮城	仙台市体育館(カメイアリーナ仙台)	TG	5,705	4,681	1,424,880	147,600
宮城	ゼビオアリーナ仙台	AA	4,009	4,009		
秋田	秋田県立体育館	TG	5,000	2,368	505,540	61,040
秋田	秋田市立体育館(CANアリーナ★あきた)	TG		3,368	599,760	48,120
山形	山形県総合体育館	TG		3,976		28,320
山形	山形市総合スポーツセンター(第一体育館)	TG		6,000	2,268,000	226,800
福島	郡山総合体育館	TG	7,056	2,556	603,000	59,400
福島	あずま総合体育館	TG	6,000	3,700	1,555,200	112,320
茨城	青柳公園市民体育館	TG			424,320	163,200（入場料を徴収）
茨城	ひたちなか市総合体育館	TG		2,536	600,000	60,000（入場料を徴収）
栃木	栃木県体育館	TG		1,920	687,000	114,700（入場料を徴収）
栃木	宇都宮市体育館(ブレックスアリーナ宇都宮)	TG				36,000
群馬	ヤマダグリーンドーム前橋	AA	20,000	12,596	2,430,000	
群馬	群馬県総合スポーツセンター(ALSOKぐんまアリーナ)	GA	6,700	5,433	1,981,200	387,000
群馬	ヤマト市民体育館前橋	TG	2,205		331,200	66,240（入場料を徴収）
埼玉	さいたまスーパーアリーナ	AA	37,000	19,000	9,581,000	6,270,000
埼玉	さいたま市記念総合体育館	TG		2,954		平日202,110 土日休336,850
埼玉	ウイング・ハット春日部	TG		3,584		39,600
埼玉	所沢市民体育館	TG		3,988	平日115,200 土日休172,800 ※『一般利用とその他』のその他の料金なのでプロ使用とは違う可能性あり	57,600
千葉	幕張メッセイベントホール	AA	8,000	4,860	2,500,000	1,000,000
千葉	千葉ポートアリーナ	TG	7,512	5,012	1,555,200	388,800
千葉	船橋アリーナ	GA	6,000	4,240		
千葉	浦安市総合体育館	TG		1,798	818,800	81,880（入場料を徴収）
千葉	流山市民総合体育館(キッコーマンアリーナ)	TG		2,162	786,300	235,500（入場料を徴収）
東京	日本武道館	GA	15,031	11,045		
東京	国立代々木競技場第一体育館	AA	13,243	9,119	9,720,000	2,024,200
東京	両国国技館	AA	11,098		3,500,000	
東京	東京体育館	GA	10,000	10,000	3,800,300	2,083,000
東京	有明コロシアム	AA	10,000	10,000	1,890,000	1,411,000
東京	国立代々木競技場第二体育館	GA	4,037	3,195	2,489,100	951,400
東京	大田区総合体育館	GA		4,012	平日832,000 土日休1,165,000	入場料（最高額）1,000円以下 平日214,000 土日祝299,000 1,000円以上3,000円以下 平日271,000 土日休380,000 3,000円以上 平日427,000 土日祝598,000
東京	墨田区体育館	TG		1,564	平日819,000 土日祝1,152,000	平日273,000 土日祝384,000（一般、入場料有り）
東京	八王子市総合体育館(エスフォルタアリーナ八王子)	TG		2,000		41,000
神奈川	とどろきアリーナ	TG	6,500	3,000	1,512,000	302,400
神奈川	横浜アリーナ	AA	17,000	10,000	5,500,000	
神奈川	横浜文化体育館	TG		2,200	平日577,200 土日祝750,000	平日223,400 土日休268,000（入場料を徴収）
神奈川	小田原アリーナ	TG	約6,000		平日216,000 土日祝246,000	平日36,000 土日休41,000
神奈川	横須賀アリーナ	TG		1,408	平日583,200 土日祝699,850	平日194,400 土日休233,280（入場料を徴収）
神奈川	座間市立市民体育館(スカイアリーナ座間)	TG		2,136	1,054,080	58,560（入場料を徴収）
神奈川	トッケイセキュリティ平塚総合体育館	TG			648,000（市内） 1,296,000（市外）	43,200（市内） 86,400（市外）
新潟	朱鷺メッセ 新潟コンベンションセンター	AA	9,000		1,962,000	
新潟	新潟市産業振興センター	AA	7,200		450,000	
新潟	新潟市東総合スポーツセンター	TG				46,800
新潟	鳥屋野総合体育館	TG				42,000
新潟	長岡市シティホールプラザアオーレ長岡	GA		約4,200	288,000	96,000
新潟	リージョンプラザ上越	TG		3,476	平日442,500 土日祝575,200（市外は定額の200%）	44,200（市外は定額の200%）
富山	魚津テクノスポーツドーム(ありそドーム)	AA	5,500	3,861	592,440	88,880
富山	富山県総合体育センター（スポーツパレス）	TG		3,024	541,800	81,360（有料大会）

県名	会場名	種別	収容人数	座席数	プロ興行 使用料金	アマチュア 使用料金
富山	富山市総合体育館	TG		4,650		
石川	いしかわ総合スポーツセンター	TG		5,019	1,974,840	246,840（入場有料）
	金沢市総合体育館	TG		2,312		32,400
福井	福井県産業振興施設（サンドーム福井）	AA	10,000	6,000	1,825,200	
山梨	小瀬スポーツ公園体育館	TG	3,344	2,344	売上げ総額の5%　最低388,800	売上げ総額の5%　最低32,400　最高81,000（入場料を徴収）
	富士北麓公園体育館	TG		1,714		27,400
長野	長野市若里多目的スポーツアリーナ（ビッグハット）	AA	8,000	5,000	1,131,428	226,285
	長野運動公園総合運動場 総合体育館	TG	1,700	1,200		18,500（市内団体のみ）
	松本市総合体育館	TG		7,000	173,880　＋入場券面最高額の100人分を加算	86,940（入場料を徴収）
岐阜	岐阜アリーナ（OKBぎふ清流アリーナ）	TG			平日444,360　土日祝488,760	59,280（入場料を徴収）
静岡	静岡エコパアリーナ	GA	10,000	6,272	1,608,650	201,050
	浜松アリーナ	AA	8,000		1,691,280	
	草薙総合運動場体育館（このはなアリーナ）	TG		2,700	入場料の額が1,999円以下　153,000　2,000円から2,999円　306,000　3,000円から3,999円　612,000　4,000円以上　1,224,000	153,000（入場料を徴収）
愛知	名古屋市総合体育館（日本ガイシスポーツプラザ）	AA	10,000	7,000	2,500,000	580,000
	愛知県体育館	TG	7,407	4,375	1,172,250	193,800
	豊田市総合体育館（スカイホール豊田）	TG	4,450	4,450	327,600	109,200
	豊橋市総合体育館	TG			557,790	132330（入場有料）
	刈谷市総合運動公園体育館（ウィングアリーナ刈谷）	TG		2,376		平日24,700（市内）37,050（市外）土日祝29,700（市内）44,500（市外）※入場料徴収の場合は変更
	枇杷島スポーツセンター	TG		1,750	198,000	39,600
三重	三重県営サンアリーナ	TG	11,000	7,160	1,522,200	1,522,200
	三重県総合競技場体育館	TG		5,342		
滋賀	滋賀県立体育館（ウカルちゃんアリーナ）	TG		4,896	309,000（入場料1,000円以下）　617,000（入場料1,000円超）	123,600（入場料を徴収）
京都	京都府立体育館（島津アリーナ）	TG	5,496	5,496	1,038,100	623,000
	京都市体育館（ハンナリーズアリーナ）	TG			平日1,189,020　土日祝1,502,730	平日253,020　土日祝327,070（入場料徴収）
大阪	大阪城ホール	AA	16,000	8,946	5,000,000	1,400,000
	なみはやドーム(東和薬品RACTABドーム)	AA	10,000	6,000	1,924,680	533,160
	大阪府立体育館（エディオンアリーナ）	AA	6,131	3,131	1,924,680	533,160
	舞洲アリーナ（府民共済SUPERアリーナ）	GA	7,056	5,934	1,846,800	615,600
	大阪市中央体育館	AA	10,000	7,322	1,861,200	507,720
兵庫	神戸ワールド記念ホール（ポートアイランドホール）	AA	9,964	3,528	2,000,000	520,000
	神戸市立中央体育館	TG	1,863	1,863	699,840	349,920
	兵庫県立総合体育館	TG		3,560		平日92,600　土日祝115,700　入場料徴収の場合は別料金
奈良	奈良市中央体育館	TG			405,000	54,000（入場料を徴収）
	県立橿原公苑第一体育館	TG		4,380	287,890	46,900（入場料を徴収）
和歌山	和歌山県立体育館	TG			316,370	79,090（入場料有料）
鳥取	鳥取県民体育館	TG		3,300	1,566,000	62,640（入場料を徴収）
	鳥取県立鳥取産業体育館	TG			480,000	19,200（入場料を徴収）
島根	松江市総合体育館	TG		3,003	平日648,000　土日祝777,600	平日216,000　土日祝259,200（入場料を徴収）
	島根県立体育館（竹本正男アリーナ）	TG	2,000	1,500	676,080	225,240
岡山	岡山県総合グラウンド体育館（ジップアリーナ岡山）	TG		約2,500	平日622,080　土日祝746,496	平日311,040　土日祝373,248
広島	広島県立総合体育館（広島グリーンアリーナ）	GA	8,300	5,681	2,309,760	762,240
	広島サンプラザホール	AA	6,052	3,000	720,000	360,000
山口	山口県立下関武道館	TG		1,030	249,650	
徳島	徳島県立産業観光交流センター（アスティとくしま）	AA	5,000		入場料の最高額が1,000円未満　平日324,000　祝日388,440　1,000円以上3,000円未満　平日486,000　祝日583,500　3,000円以上　平日648,000　祝日776,940	
	徳島県鳴門総合運動公園体育館（アミノバリューホール）	TG	1,500		273,210	47,920（入場料を徴収）
香川	高松市総合体育館	TG		2,000		平日81,180　土日祝97,350（入場料を徴収）
愛媛	愛媛県武道館	TG	6,532	2,932	919,850	145,220
高知	高知県立県民体育館	TG	4,644	4,644	平日418,620　土日祝502,160	平日47,130　土日祝56,570（入場料を徴収）
福岡	マリンメッセ福岡	AA	13,000	6,845	2,970,000	1,782,000
	福岡国際センター	AA	10,000	3,890	950,400	156,816
	久留米総合スポーツセンター体育館	TG		1,384	平日108,140　土日祝135,170	平日40,550　土日祝54,790（入場料を徴収）
	福岡市九電記念体育館	TG		1,992		
佐賀	佐賀県総合体育館	TG	4,000			28,440
長崎	長崎県総合体育館（アリーナかぶとがに）	TG		5,600	平日276,780　土日祝332,190	239,400（入場有料）
	シーハット大村	TG		5,000	369,600	92,400（入場料を徴収）
熊本	熊本県立総合体育館（使用中止中※2016年8月末現在）	TG		4,110		
大分	B-CON PLAZA（コンベンションホール）	AA	8,000	4,098	960,984	549,072
	大分県立総合体育館	TG		2,098		
宮崎	宮崎県体育館	TG		1,745	1人1日当たりの入場料等の最高額に100を乗じて得た額（最低88,700円）	1人1日当たりの入場料等の最高額に100を乗じて得た額（最低21,840円）
	ツワブキ武道館	TG		2,034		
鹿児島	鹿児島アリーナ	GA	5,700		742,300	279,500
	鹿児島県総合体育センター体育館	TG			206,400	25,920（入場料を徴収）
沖縄	沖縄コンベンションセンター 展示棟	AA	4,000	2,140	1,158,200	
	沖縄市体育館	TG	2,123	2,123	750,000＋最高入場料金×100	22,350＋最高入場料金×50人分
	那覇市民体育館	TG	3,000	3,000	369,504	51,204（入場料を徴収）
	宜野湾市民体育館	TG		1,500	33,600＋最高入場料金×100	33,600（入場料を徴収）

AA：アリーナ型アリーナ　GA：体育館兼用型アリーナ　TG：トレーニング施設型体育館

スポーツの舞台は

Musco だけが創れる光空間
世界が認めるには理由がある

Musco LED Sports Lighting
www.musco.co.jp

照明で変わる。

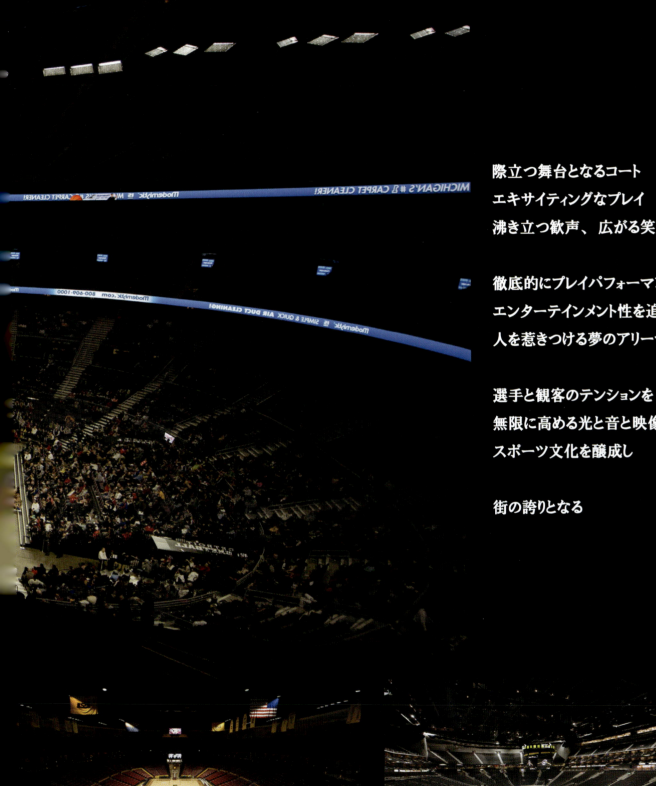

際立つ舞台となるコート
エキサイティングなプレイ
沸き立つ歓声、広がる笑顔と感動

徹底的にプレイパフォーマンスと
エンターテインメント性を追求し
人を惹きつける夢のアリーナ

選手と観客のテンションを
無限に高める光と音と映像の空間が
スポーツ文化を醸成し

街の誇りとなる

株式会社ＭＬＪ（日本総販売元）　〒108-0074 東京都港区高輪 1-5-4 常和高輪ビル 8Ｆ　TEL：03-6409-6018　FAX：03-6409-6033

「観る」を支える。

スポーツを愛する人々が、肩を寄せあい、感動や興奮を共有する空間には、世界共通の歓びがある。観客席は誰もが楽しむための安全品質が不可欠。「快適なイス」はもちろん、強度と耐久性、防災条件を堅持するアリーナ、スタジアム、劇場ホールにおいて、世界品質で実績を重ねる「コトブキシーティング」は、製品のプランニングから設計、製造、メンテナンスまで、一貫体制により、品質管理も細心です。その都市と街のシンボルになって人々に愛される快適空間へ。理想のアリーナの創造へ、私たちは、さらなる努力を続けます。

歓声も拍手も、ここから生まれる。

VIP席

一般席

コートサイド席

センターハングビジョン＋リボンビジョン

移動観覧席

一般席

建物に呼吸をさせよう。

「スウィンドウ」は風という
自然エネルギーを利用して、
人と地球にやさしい
自然換気を実現します。

自然換気システム
バランス式逆流防止窓

スウィンドウ

風の力を受けて自然に開閉します。
窓を回転させる軸の位置を上下で偏芯させることで、風の圧力差に反応して、窓が自然に開閉します。

※風の圧力差とは、風の圧力を受ける面積を回転軸の上下で違わせ、圧力差を生じさせることです。

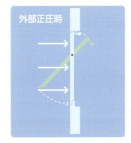
外部正圧時

外部負圧時

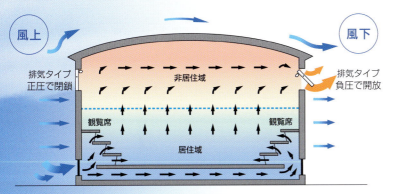
スウィンドウ／有風時

有風時でも無風時でも効率の良い置換換気ができます。
風が吹くことで建物の周囲に気圧の変化が生じ、風上には正圧が風下には負圧が発生します。スウィンドウは、建物に作用する圧力を受け自然に開閉する換気システムです。

三協立山株式会社　三協アルミ社
営業開発部／〒164-8503　東京都中野区中央 1-38-1　住友中野坂上ビル 18F　TEL(03)5348-0360
http://alumi.st-grp.co.jp/

静岡県富士水泳場 (2015・静岡県)

安全で快適な空間を創る
膜天井

かるい / **やわらかい** / **つよい** / **ここちよい**

プールや体育館などの大空間において、天井落下の危険があるのは大地震のときだけではありません。
天井材や下地材の老朽化、日々の微細な振動、風や熱収縮。このようなことに起因する天井落下が今日、世界中で報告されています。
重くて硬い従来の天井に代わって、軽量、柔軟で丈夫な新しい発想の膜天井が大空間に安全と快適を提供します。

安全性

かるい
膜材料の質量は約600g/㎡。
従来の天井材に比べてたいへん軽量で、まさかの落下時にも室内の人々や物品に与えるダメージを最小限にとどめることができます。

やわらかい
柔軟な膜材料が室内の意匠性を高めるだけでなく、地震時の大きな揺れにも変形追従が可能な構造となり、天井脱落の危険性が極めて低くなります。

つよい
厚さわずか1mmの極めて薄い素材ながらも、落下物を受け止める強度を保持していることを、自社試験にて実証済みです。
また、膜材は金属のように、錆を生じることがありません。

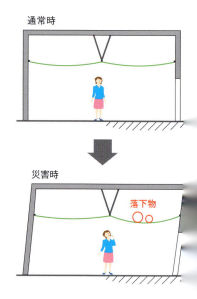

環境への優しさ

■CO₂排出量の削減
たいへん軽量な膜天井は、製造〜施工時におけるCO₂排出量を軽減することができます。

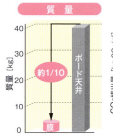
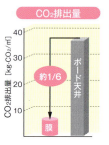

	膜天井	ボード天井
質量[kg] 天井材	0.6	20
質量[kg] 支持材	3.0	20
質量[kg] 合計	3.6	40
CO₂排出量[kg-CO₂/㎡]	6.02	37.86

■100%リサイクル
張り替えなどで生じる使用済み膜材料を100%リサイクルする仕組みを有しており、当社のテントはエコマークを取得しています。

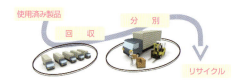

環境省・広域認定取得済み
(2013年5月)

使用後回収・リサイクルするテント

太陽工業株式会社
エコマーク認定番号
第13104024号

快適性　ここちよい

■光環境の改善
反射率の高い膜材料を選定することで、間接照明効果を得られます。広い天井面全体からの優しい反射光によって、上質な光環境の空間を得ることができます。

■音環境の改善
吸音効果のある膜材料を使用したり、膜天井の形状を変化させることで、残響時間のコントロールが可能です。

天井には照明器具、空調設備がなく、全体重量の軽量化を行っています。

●大阪プール
- 断熱効果、音響効果
- 室内反響音の拡散・吸音
- 一般に天井がドーム形状の場合Rの中心に音が集中する。
- 膜天井をパネル化することで音が拡散する。また、効率よい吸音が可能になる。

●関西国際空港旅客ターミナルビル
- 大空間の効率的空調、照明の反射膜、屋根全体の軽量化
- ① 関西国際空港のメインターミナルビル内の効率的なマクロ空調を行うオープンエアダクトに使用。毎秒7mで吹き出されるジェットエアを膜天井の表面に沿って流すことで、自然な気流を生み出しています。
- ② 間接照明を使い、天井部の照明器具をなくし安全性を向上させています。

【音響測定試験】
屋内プールに膜天井を設置する前後の残響時間の実測値を比較

- ●膜材料：天井専用防炎膜材 BATYLINE Aw（600g/㎡・NRC値0.68）
- ●施設名：倉敷市屋内水泳センター（屋内プール）
- ●室容積：約9,000㎥（25m×36m×10m）

	測定日	温度	湿度
膜天井施工前	2012年3月27日	31℃	50%
膜天井施工後	2012年7月10日	32℃	74%

木毛マグネシウム板 (t=25)
膜天井施工前

BATYLINE Aw 防炎 (t=0.7)
膜天井施工後

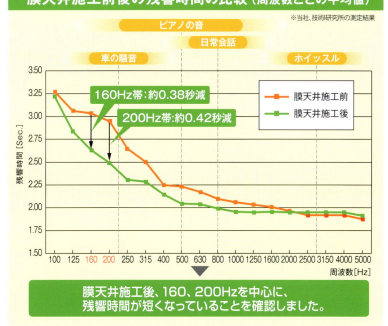

膜天井施工前後の残響時間の比較（周波数ごとの平均値）
※当社、技術研究所の測定結果

160Hz帯：約0.38秒減
200Hz帯：約0.42秒減

膜天井施工後、160、200Hzを中心に、残響時間が短くなっていることを確認しました。

施工事例：様々なデザインでスポーツ空間を彩ります。

みなとパーク芝浦（2014・東京都）

世田谷区総合運動公園（2015・東京都）

三沢アイスアリーナ（1995・青森県）

パークドーム熊本（1997・熊本県）

MakMax 太陽工業株式会社 空間デザインカンパニー　　www.taiyokogyo.co.jp/maku_tenjyo/

東京	〒153-0043	東京都目黒区東山 3-16-19	TEL: 03-3714-3461
大阪	〒532-0012	大阪市淀川区木川東 4-8-4	TEL: 06-6306-3065
名古屋	〒450-0003	名古屋市中村区名駅南 2-8-11	TEL: 052-541-5120
東北	〒980-0022	仙台市青葉区五橋 2-11-1	TEL: 022-227-1364
中国	〒732-0052	広島市東区光町 1-12-16	TEL: 082-261-1251
九州	〒812-0013	福岡市博多区博多駅東 2-15-19	TEL: 092-411-8003

一級建築士事務所／国土交通大臣許可（特-23）第381号／（一社）日本膜構造協会正会員／（公財）日本体育施設協会特別会員／（一社）日本公園施設業協会正会員／光触媒工業会正会員

東京ドーム（1988・東京都）

ARENA GUIDELINE

2016年9月9日　初版発行

企画・編集発行	一般社団法人 アリーナスポーツ協議会（文責：担当理事　花内 誠）
	〒153-0002　東京都渋谷区渋谷3-11-2 渋谷パインビル3F
	TEL 03-5468-5283
製 作・発 売 元	株式会社 体育施設出版
	〒105-0014　東京都港区芝2-27-8VORT芝公園1F
	TEL 03-3457-7122　FAX 03-3457-7112

ISBN 978-4-924833-65-4　C3052　￥2000E　　定価　本体2,000円＋税